墨香财经学术文库



# 文旅产业高质量发展的理论、路径与效应

Theories, Pathways and Effects of High-Quality Development in the Cultural and Tourism Sector

孙轻宇 著

东北财经大学出版社 大连
Dongbei University of Finance & Economics Press

**图书在版编目（CIP）数据**

文旅产业高质量发展的理论、路径与效应 / 孙轻宇著. —大连：东北财经大学出版社，2025.5. —（墨香财经学术文库）. —ISBN 978-7-5654-5594-0

Ⅰ. G124；F592.3

中国国家版本馆CIP数据核字第20257DU445号

**文旅产业高质量发展的理论、路径与效应**

WENLÜ CHANYE GAOZHILIANG FAZHAN DE LILUN LUJING YU XIAOYING

东北财经大学出版社出版发行

大连市黑石礁尖山街217号　邮政编码　116025

网　　址：http://www.dufep.cn

读者信箱：dufep@dufe.edu.cn

大连图腾彩色印刷有限公司印刷

幅面尺寸：170mm×240mm　字数：177千字　印张：15　插页：1

2025年5月第1版　　2025年5月第1次印刷

责任编辑：时　博　王　斌　　责任校对：赵　楠

封面设计：原　皓　　版式设计：原　皓

书号：ISBN 978-7-5654-5594-0　　定价：82.00元

教学支持　售后服务　　联系电话：（0411）84710309

举报电话：（0411）84710523

如有印装质量问题，请联系营销部：（0411）84710711

本书获得2023年度辽宁省社会科学规划基金项目“辽宁文旅产业高质量发展与提升居民幸福感：理论与对策（项目编号：L23BGL031）”、辽宁省教育厅基本科研业务费资助

## 作者简介

**孙轻宇**，东北财经大学工商管理学院旅游与酒店管理系副教授，硕士生导师，南开大学管理学博士，美国加州州立大学富勒顿分校访问学者。研究领域主要为旅游管理、公司治理与国际商务。在《南开经济研究》《管理评论》《研究与发展管理》《管理学报》等核心期刊发表论文20余篇，出版专著1本。主持或参与国家自然科学基金项目、辽宁省社会科学规划基金项目、辽宁省教育厅科研基金项目等国家级和省部级课题10余项。

# 前　言

党的二十大报告明确提出："高质量发展是全面建设社会主义现代化国家的首要任务。"全面推动经济的高质量发展已经成为我国新时代的国家战略。文旅产业作为新兴的战略性支柱产业，承担着文旅融合发展、文化交流传播、经济转型升级、民众生活质量提升等重要战略任务，文旅产业的高质量发展是支撑我国经济高质量发展的重要维度，但现有文献尚未对文旅产业高质量发展的内涵与实现路径展开系统讨论。

鉴于此，本书从理论层面系统梳理了中国文旅产业高质量发展的内涵、促进机制和效应评价，提炼了作者及其带领的研究团队近十年关于文旅产业品牌化、数字化、市场化、精细化等发展领域的实证研究成果，紧密围绕中国文旅产业发展现状，从实践层面归纳优秀文旅企业的典型案例和发展路径，为中国文旅产业作为新兴的战略性支柱产业提供理论支撑和实践指导。本书内容共分为8章，具体内容如下：

第1章中国文旅产业及其发展：系统梳理了文旅产业的内涵、分类和特征，针对中国文旅产业的发展历程和发展现状进行分析，并重点关注了中国文旅上市公司的特征和经营状况。

第2章文旅产业高质量发展内涵：结合学术研究成果和企业实践经验，将文旅产业高质量发展的内涵总结为三大维度，分别为物质层面的高质量发展、精神层面的高质量发展以及社会层面的高质量发展，并分析了哈尔滨冰雪旅游案例，以此阐述高质量发展各个维度的发展要点。

第3章文旅产业高质量发展的促进机制：归纳文旅产业在物质层面、精神层面和社会层面高质量发展的影响因素和促进机制，并利用中国文旅上市公司面板数据，探讨了经济政策的不确定性对文旅企业投资行为的影响，指出理性投资决策是企业实现高质量发展的具体体现。

第4章文旅产业高质量发展路径一：品牌化。该章探讨了中国文旅企业通过品牌活化、品牌联合和品牌国际化三个方面实现高质量发展目标的具体路径，并实证检验了国际酒店集团品牌多元化战略在全球布局的影响机制。

第5章文旅产业高质量发展路径二：数字化。该章探讨了中国文旅企业通过数字技术助推产业链创新发展和实现消费者沉浸式体验价值的具体路径，并利用在线评论数据，实证检验了利用移动互联技术衍生出的用户生成内容如何影响文旅企业的经营决策。

第6章文旅产业高质量发展路径三：市场化。该章探讨了中国文旅企业通过资本运营和混合所有制改革实现市场化运营的具体路径，并选取云南旅游、宋城演艺、凯撒旅业、复星集团、天目湖旅游等文旅企业以及中国主要上市酒店集团为例，对其市场化运营以及股权结构进行了分析。

第7章文旅产业高质量发展路径四：精细化。该章探讨了中国文旅企业通过精细化运营实现高质量发展的具体路径，包括从重投资转向重运营、从粗放式转向精细化、从重销售转向重内容、增强文旅项目沉浸式体验价值、注重文旅项目的IP建设、利用多元化的新媒体渠道扩大宣传等，并通过实证研究阐述了基于同质资源开发的旅游目的地如何实现差异化的定位和经营。

第8章文旅产业高质量发展的效应分析：归纳了文旅产业高质量发展的经济效应和社会效应，并以武汉知音号沉浸式体验产品为例，探讨了体验价值对游客满意度的影响，阐述了文旅企业高质量发展对带动文旅产业链消费升级的作用。

本书是作者近十年来从事科研、教学的成果，以及企业管理咨询实践经验的总结，主要贡献体现在以下三个方面：第一，厘清文旅产业在物质维度、精神维度和社会维度三个方面高质量发展的内涵和特征，弥补现有研究缺乏实践指导性和操作性的不足。第二，结合数字经济、市场经济的时代发展需要，从品牌化、数字化、市场化和精细化四个方面提出文旅产业高质量发展的具体实施路径，为中国文旅企业实现高质量发展目标提供实证依据和借鉴方案。第三，从需求侧和供给侧双重视角，利用定性研究与定量研究双重方法，归纳总结文旅产业高质量发展的影响因素、促进机制、经济效应和社会效应，并结合不同的研究问题展开具有针对性的实证检验，为中国完善现代文旅产业体系、繁荣文化事业、实施旅游强国战略提供理论支撑。

孙轻宇

2025年3月

# 目　录

第 1 章

# 中国文旅产业及其发展

自党的十八大以来，中国文旅产业的高质量发展日益成为带动经济增长和提高人民获得感、幸福感的关键，无论从国家政策层面，还是社会发展层面，国家不断加大投入，支持文化和旅游产业高水平融合发展。文旅产业的高质量发展是惠及全体人民的现代化实践，也是实现物质文明和精神文明相协调、人与自然和谐共生的重要路径。若进一步提升中国文旅产业高质量发展的能力和水平，需要全面了解中国文旅产业的发展历程和现状，因此，本章系统梳理了文旅产业的内涵、分类和特征，针对中国文旅产业的发展阶段和政策演进进行分析，重点关注中国文旅上市公司的特征和经营状况，以期为提高文旅产业高质量发展水平提供实证依据。

## 1.1 文旅产业内涵及特征

### 1.1.1 文旅产业内涵界定

从经济学的视角来理解，“产业”是指一组相互关联、相互依赖的生产和经济活动，包括一系列相关产品或服务的生产和销售。产业的划分常常基于产品或服务的相似性，以及其在经济体系中的角色。从管理学的视角来理解，“产业”是一组提供相似产品或服务的企业，它们竞争于同一市场。该定义关注产业内企业之间的竞争关系，以及它们在市场中的地位。

1）文化产业

英国学者雷蒙德·威廉斯（Raymond Williams）作为文化研究领域的重要奠基人之一，在其著作《文化与社会》中首次提及文化产业，强调文化活动与社会、经济的紧密联系。法兰克福学派的马克斯·霍克海默（Max Horkheimer）最早明确提出了文化产业的概念，认为文化产业是凭借现代科技手段大规模地复制、传播、消费文化产品和服务的现代工业体系。英国曼彻斯特大学的贾斯汀·奥康纳（Justin O’Conner）强调文化产业所具有的符号价值，认为文化产业是以经营符号性的、有文化价值属性的商品为主的产业，包括电影、电视、广播、出版发行、建筑设计等传统文化产业和剧院、音乐厅、画廊、演出、博物馆等传统艺术产业。联合国教科文组织（UNESCO）认为文化产业就是按照工业标准，生产、再生产、储存以及分配文化产品和服务的一系列活动，在其文件中通常表述为文化创意产业。

追溯到20世纪80年代初，文化产业在中国学术和政策层面逐渐引起关注。1982年，国务院发布了《关于兴办新闻出版事业的决定》（国办发〔1982〕42号），其中提到了文化产业的发展。20世纪90年代初，国家开始推动文化产业的市场化体系建设，陆续出台了一系列战略性规划和支持政策，如国务院批准了《关于大力发展文化事业的若干意见》（国办发〔1992〕42号）。国家统计局2018年发布的《文化及相关产业分类（2018）》把文化产业定义为："为社会公众提供文化产品和文化相关产品的生产活动集合。"①文化产业的定义发展经历了从强调艺术创作和生产，到关注经济和社会价值的转变，反映了经济、技术和社会变革的影响，凸显了文化产业概念内涵的复杂、多元、不断演变的特征。

2）旅游产业

旅游产业是以旅游活动为主导的、与之相关的一系列经济活动和服务的集合。根据联合国世界旅游组织（UNWTO）的定义，旅游产业包括："一切与旅游活动相关的商品和服务的总和，这些活动在一个国家或特定地区内，被由居住在境内外的个人所进行的旅游活动所

① 国家统计局.文化及相关产业分类（2018）［S/OL］.［2024-07-01］.https：//www.stats.gov.cn/xxgk/tjbz/gjtjbz/201805/t20180509_1758925.html.

触发，并涉及与这些人的旅游需求相适应的商品和服务。”这一定义涵盖了交通、住宿、餐饮、娱乐、游览和购物等各个层面，反映了旅游产业的多样性和复杂性，及其对经济、社会和文化发展的广泛影响。

在我国，学者们关于旅游产业的定义通常是基于旅游活动和相关服务的集合展开论述，将与旅游活动直接相关的行业集合如观赏娱乐业、旅行社等归纳为狭义旅游产业；将与旅游者享受旅游过程相关的所有直接和间接的产品和服务行业集合归纳为广义旅游产业，包括住宿业、餐饮业、交通运输业、旅游娱乐业、旅游商业等。政府部门尚未出台统一的官方文件对旅游产业进行明确的界定，但在大量的法规、规划和文件中均涉及对旅游产业的规范和管理。例如，2013年10月1日开始实施的《中华人民共和国旅游法》，其中管理和规范的旅游产业既包括营利性质的景区、旅行社以及为旅游者提供交通、住宿、餐饮、娱乐、购物、游览等服务的企业，也包括公益性的城市公园、博物馆、纪念馆等非营利组织。

3）文旅产业融合发展

联合国教科文组织和世界旅游组织（UNWTO）皆强调文化产业和旅游产业对于经济促进、文化传承和跨文化理解的推动具有重要意义，但并未提供明确的文旅产业官方定义。文化与旅游密切相连、相辅相成、无法割裂，旅游景观虽然具有物质形态，但其表达和呈现方式却紧密依赖于文化。比如宋城集团凭借其独具特色、富有创意的“主题公园+文化演艺”模式，在景区以“现场演艺+地方感”为核心，创造了“千古情”演艺秀，成功打造了“宋城”“千古情”等宋城代表性知名品牌，已发展成为中国大型文化旅游综合体打造者、全球主题公园集团十强企业。

2009年出台的《文化部、国家旅游局关于促进文化与旅游结合发展的指导意见》明确表示，“文化是旅游的灵魂，旅游是文化的重要载体，要加强文化和旅游的深度结合”。2018年原文化部和原国家旅游局职责整合，组建中华人民共和国文化和旅游部，标志着文旅融合发展已上升到国家战略层面，我国文化产业与旅游产业相互融合渗透，逐渐形成包括产品、服务、技术、管理等全方位系统性的融合态势。

学者们关于文旅产业的界定，基于不同视角有不同的阐述，表明文旅产业在不同层面上的多维度特征。从宏观视角出发，文旅产业被定义为综合了文化和旅游元素的产业体系，其目标是通过整合文化和旅游资源，促进地方经济的繁荣和社会的可持续发展。从产业视角出发，文旅产业被定义为一系列企业和组织，它们致力于创造、组织、提供与文化和旅游有关的产品和服务，包括文化创意产业、博物馆、文化演艺、旅游服务等各个子领域。从社会视角出发，文旅产业被视为与社会文化紧密相连的产业，强调其对文化传承、社会认同感、跨文化交流等方面的影响，关注文旅产业如何影响社会的文化认知和社会互动。从地方视角出发，文旅产业被定义为一个有助于提升地方形象、促进旅游业和文化传承的产业，通常关注如何充分发挥地方独特的文化资源优势吸引游客，推动当地经济的发展。

本书认为文旅产业并非文化产业与旅游产业的简单加总，而是以深厚的文化内涵为灵魂、以旅游活动为载体的多层次、多要素的综合性产业。这一产业以文化为引领，将自然、历史、艺术等元素融合在一起，形成了独特的旅游体验，不仅让游客欣赏到美丽的自然风光和丰富的人文资源，更能深度了解和体验当地的文化底蕴。文旅产业的界定不仅仅涵盖了文化和旅游的融合，还强调了其对社会和经济的积极作用。

### 1.1.2 文旅产业分类

1）政府部门关于文旅产业的分类

联合国教科文组织将文化产业界定为“为社会公众提供文化、娱乐产品和服务的活动，以及与这些活动有关联的活动集合”，并将文化产业中的具体分支划分为核心层、外围层和相关层（见表1-1）。

表1-1　　联合国教科文组织关于文化产业的分类

| | |
|---|---|
| 文化产业核心层 | 新闻信息服务、内容创作生产、创意设计服务、文化传播渠道、文化投资运营 |
| 文化产业外围层 | 网络文化服务、文化休闲服务和文化娱乐服务 |
| 文化产业相关层 | 文化用品、设备及相关文化产品的生产和销售 |

资料来源：联合国教科文组织统计研究所．2009联合国教科文组织文化统计框架［R/OL］．［2024-07-01］．https：//unesdoc. unesco. org/ark：/48223/pf0000191061_chi.

国家统计局分别于2017年和2018年出台了《国民经济行业分类》（GB/T4754—2017）、《文化及相关产业分类（2018）》《国家旅游及相关产业统计分类（2018）》，本书根据以上文件整理出文化产业与旅游产业的相关分类（见表1-2），其中文化产业被分为9个大类和43个中类，旅游及相关产业被分为9个大类和27个中类。

表1-2　国家统计局关于文化及相关产业、旅游及相关产业的分类

| 文化及相关产业分类 | | | 旅游及相关产业分类 | | |
|---|---|---|---|---|---|
| 代码 | | 类别名称 | 代码 | | 类别名称 |
| 大类 | 中类 | | 大类 | 中类 | |
| | | **文化核心领域** | | | **旅游业** |
| 01 | | 新闻信息服务 | 1 | | 旅游出行 |
| | 011 | 新闻服务 | | 111 | 旅游铁路运输 |
| | 012 | 报纸信息服务 | | 112 | 旅游道路运输 |
| | 013 | 广播电视信息服务 | | 113 | 旅游水上运输 |
| | 014 | 互联网信息服务 | | 114 | 旅游空中运输 |
| | | | | 115 | 其他旅游出行服务 |
| 02 | | 内容创作生产 | 2 | | 旅游住宿 |
| | 021 | 出版服务 | | 121 | 一般旅游住宿服务 |
| | 022 | 广播影视节目制作 | | 122 | 休养旅游住宿服务 |
| | 023 | 创作表演服务 | | | |
| | 024 | 数字内容服务 | | | |

续表

| 文化及相关产业分类 | | | 旅游及相关产业分类 | | |
|---|---|---|---|---|---|
| 代码 | | 类别名称 | 代码 | | 类别名称 |
| 大类 | 中类 | | 大类 | 中类 | |
| | 025 | 内容保存服务 | | | |
| | 026 | 工艺美术品制造 | | | |
| | 027 | 艺术陶瓷制造 | | | |
| 03 | | 创意设计服务 | 3 | | 旅游餐饮 |
| | 031 | 广告服务 | | 131 | 旅游正餐服务 |
| | 032 | 设计服务 | | 132 | 旅游快餐服务 |
| | | | | 133 | 旅游饮料服务 |
| | | | | 134 | 旅游小吃服务 |
| | | | | 135 | 旅游餐饮配送服务 |
| 04 | | 文化传播渠道 | 4 | | 旅游游览 |
| | 041 | 出版物发行 | | 141 | 公园景区游览 |
| | 042 | 广播电视节目传输 | | 142 | 其他旅游游览 |
| | 043 | 广播影视发行放映 | | | |
| | 044 | 艺术表演 | | | |
| | 045 | 互联网文化娱乐平台 | | | |
| | 046 | 艺术品拍卖及代理 | | | |
| | 047 | 工艺美术品销售 | | | |
| 05 | | 文化投资运营 | 5 | | 旅游购物 |
| | 051 | 投资与资产管理 | | 151 | 旅游出行工具及燃料购物 |
| | 052 | 运营管理 | | 152 | 旅游商品购物 |
| 06 | | 文化娱乐休闲服务 | 6 | | 旅游娱乐 |
| | 061 | 娱乐服务 | | 161 | 旅游文化娱乐 |
| | 062 | 景区游览服务 | | 162 | 旅游健身娱乐 |
| | 063 | 休闲观光游览服务 | | 163 | 旅游休闲娱乐 |
| | | **文化相关领域** | | | |
| 07 | | 文化辅助生产和中介服务 | 7 | | 旅游综合服务 |
| | 071 | 文化辅助用品制造 | | 171 | 旅行社及相关服务 |

续表

| 文化及相关产业分类 | | | 旅游及相关产业分类 | | |
|---|---|---|---|---|---|
| 代码 | | 类别名称 | 代码 | | 类别名称 |
| 大类 | 中类 | | 大类 | 中类 | |
| | 072 | 印刷复制服务 | | 172 | 其他旅游综合服务 |
| | 073 | 版权服务 | | | |
| | 074 | 会议展览服务 | | | |
| | 075 | 文化经纪代理服务 | | | |
| | 076 | 文化设备（用品）出租服务 | | | |
| | 077 | 文化科研培训服务 | | | |
| | | | | | **旅游相关产业** |
| 08 | | 文化装备生产 | 1 | | 旅游辅助服务 |
| | 081 | 印刷设备制造 | | 211 | 游客出行辅助服务 |
| | 082 | 广播电视电影设备制造及销售 | | 212 | 旅游金融服务 |
| | 083 | 摄录设备制造及销售 | | 213 | 旅游教育服务 |
| | 084 | 演艺设备制造及销售 | | 214 | 其他旅游辅助服务 |
| | 085 | 游乐游艺设备制造 | | | |
| | 086 | 乐器制造及销售 | | | |
| 09 | | 文化消费终端生产 | 2 | | 政府旅游管理服务 |
| | 091 | 文具制造及销售 | | 221 | 政府旅游事务管理 |
| | 092 | 笔墨制造 | | 222 | 涉外旅游事务管理 |
| | 093 | 玩具制造 | | | |
| | 094 | 节庆用品制造 | | | |
| | 095 | 信息服务终端制造及销售 | | | |

资料来源：国家统计局.文化及相关产业分类（2018）［S/OL］.［2024-07-01］.https：//www.stats.gov.cn/xxgk/tjbz/gjtjbz/201805/t20180509_1758925.html；国家统计局.国家旅游及相关产业统计分类（2018）［S/OL］.［2024-07-01］.https：//www.stats.gov.cn/xxgk/tjbzhzd/gjtjbz/201805/t20180530_1758926.html.

2）学术界关于文旅产业的分类

本书通过梳理CSSCI来源期刊自1987年至2023年的相关文献，总结出国内学者关于文旅产业分类的主要观点（见表1-3）。

表 1-3　　　　　　　　**学术界关于文旅产业的分类**

| 时间 | 作者 | 分类 | 范围 |
| --- | --- | --- | --- |
| 2007 | 余洁 | 文化产业：本体产业（演艺业、娱乐业、音像业、电影业）、交叉产业（文物博物业、文化会展业，文化旅游业）和延伸产业（动漫业、网络业） | 文化产业 |
| 2000 | 张凌云 | 旅行社、旅游饭店、旅游景区、旅游车船公司和旅游商贸公司 | 旅游产业 |
| 2006 | 叶红 | 城市型旅游产业区、景区型旅游产业区、社区型旅游产业区 | |
| 2007 | 罗明义 | 旅游核心部门：旅游住宿业、旅游景观业、旅游运输业、旅行社业和旅游服务机构<br>旅游依托部门：餐饮服务业、文化娱乐业、康乐业、零售业和公共交通运输业<br>旅游相关部门：为旅游产业发展提供支持和旅游带动的行业和部门 | |
| 2007 | 张春香、刘志学 | 需求模块、文化产业模块、旅游产业模块、政府模块、文化旅游产业模块 | |
| 2008 | 刘少和 | 集约型、效益型 | |
| 2012 | 胡俊 | 技术融合、产品融合、市场融合 | |
| 2015 | 梁坤、杜靖川 | 依附模式、共生模式、独立模式 | |
| 2020 | 徐翠蓉、赵玉宗、高洁 | 文化遗产与旅游融合、文化创意与旅游融合 | |

资料来源：根据相关资料整理。

综上所述，文化产业与旅游产业既有相互独立的部分又有相互交叉的部分（如图 1-1 所示）。正所谓文化是旅游的灵魂，旅游是文化的载体，文化为旅游提供了深刻的内涵和丰富的内容，使旅游体验更具吸引力和教育意义；旅游为文化提供了广阔的传播途径和市场，使文化得以被更广泛地认知和接受。

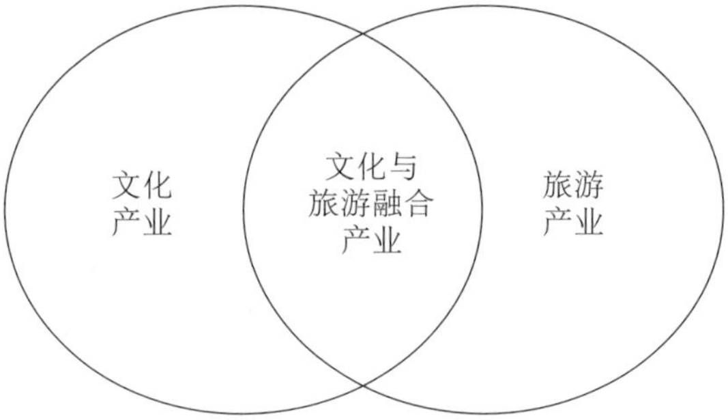


**图 1-1　文旅产业分类**

资料来源：根据相关资料整理。

### 1.1.3　文旅产业特征

1）文化产业与旅游产业互相融合

目前，我国文旅产业融合模式主要有三种。第一种模式为旅游嵌入文化型融合，如西安兵马俑、乐山大佛、云冈石窟等文化遗产旅游产品以及西塘古镇、丽江古城等历史文化古镇的开发，都属于此种类型的文旅产业融合模式。该模式的主要特点是在已有的文化资源基础上开发旅游产品，也是文旅融合早期发展阶段常见的融合模式。第二种模式为文化嵌入旅游型融合，即文化以其独有的形式嵌入到旅游活动中，成为旅游活动的一部分。如《南京喜事》沉浸式旅游演艺将老金陵元素和南京文化风情融入旅游者消费体验的全过程，观众穿上百年前南京人的精美传统服装，化身为宁府邀请的嘉宾参与演出，观众可选择八条故事线中的任意一条与演员互动，仿佛穿越时空隧道亲历南京的种种风华。该旅游演艺产品还将大量非物质文化遗产如金陵琴派、金陵武术、金陵小吃、南京剪纸、秦淮灯彩、手狮、云锦织造等融入演出场景中。第三种模式为渗透型文旅融合，即随着消费需求的不断提高，文化与旅游产业相互渗透，逐渐形成你中有我，我中有你的一体化发展模式，最终形成一种新的产业形态。区别于前两种模式主要体现在产品端的融合，该种融合模式促使文化产业与旅游产业在供应端实现融合，通过空间聚焦、内容交叉、功能互补地形成产业间融合。

2）文旅产业具有脆弱性和敏感性

文旅产业是高敏感性产业，不仅极易受到外部宏观环境的影响，还表现在极易受到各类突发事件的影响，任何非常规事件的发生都可能导致文旅产业市场产生波动，其中旅游产业的脆弱性更加明显。旅游产业的核心产品是为旅游者提供服务，旅游活动的综合性和产业关联性特点决定了整个旅游活动服务链条长、旅游过程不可控性较强，任何一个环节产生极小的偏差都可能导致旅游市场产生巨大的波动，甚至形成旅游危机，如国际关系变动会对出入境游客流量产生影响，自然灾害会对旅游活动产生影响，非典、新冠疫情等公共卫生事件也会对旅游产业造成全面冲击。在新冠疫情全面暴发后一周内，中国上市公司中旅游与酒店板块股价整体下跌18%，多家旅游上市公司下跌幅度居于各行业首位，横店影视等多家文化类上市公司股价下跌均超过9%。

3）文旅产业结构复杂、综合性强

文旅产业内部结构复杂，包含了众多子领域，如文化创意、新闻传媒、旅游景区、酒店、旅行社等，形成了一个多元化、综合性的产业体系。这种多元性不仅反映在业态上的多样性，还表现在文旅产业链上的多层次、多方位的发展。多元化的特征促进了不同领域之间的协同发展，业务多元化成为大型文旅企业主流经营战略。同时文旅产业内部中小企业占比高、竞争激烈、行业进入壁垒较低，接近于完全竞争的市场。截至2023年年末，全国各类文化与旅游企业超过30万家，其中近90%的企业属于中小企业（雇员少于30人）。文旅企业的类别、形式、规模、服务的市场、所有权结构多种多样，小到夫妻店，大到跨国公司、企业集团。文旅产业销售渠道多样，既可以直接面对顾客进行销售，也可以通过中间商进行销售；在选择中间商时既可以选择传统旅行社，也可以选择网络预订机构。消费需求的多样性变化，促使综合性多元化经营成为文旅企业发展的重要趋势。2023年中国旅游研究院评选的年度文旅集团20强中，75%的文旅企业都是采取多业务经营战略的综合性企业。

4）文旅产业关联性、带动性强

文旅产业与传统的单一产业不同，具备极强的关联性和带动性。旅游产业通过吸引游客消费，不仅直接促进旅游相关收入，还间接带动交通、餐饮、住宿、购物等相关产业的发展，同时也为社会提供大量就业岗位，推动地方经济与社会协同发展。旅游产品及服务的提供能够带动第一产业中的农业、林业、畜牧业和渔业的发展，也能带动第二产业中的轻工业、重工业、建筑业的发展，同时也需要第三产业中的邮电通信、金融保险、信息咨询等企业提供有力支撑。这些产业为旅游业提供物质基础或者技术支持，旅游业的发展也将推动这些相关产业发展，对这些产业具有极强的关联带动性。文化产业中文化产品的生产过程包括信息、知识、技术、文化、艺术等多元素的整合，涉及文化产业核心层、相关层和外围层几十种企业类型，在文化产品的开发过程中，可以通过前后向行业的关联带动上下游相关行业的发展。文化产业正是通过这种关联性、带动性不断创造发展空间，保持了文化产品长久持续的生命力。

## 1.2　中国文旅产业发展分析

### 1.2.1　中国文旅产业发展历程

1）改革开放初期（1978—1990年）

1979年，邓小平同志发表的“黄山谈话”为中国旅游业的发展提供了明确方向，被称作“中国旅游改革开放宣言”，中国旅游业随即开启了市场化发展的探索阶段。这个时期中国政府出台了一系列政策（见表1–4）规范旅游业的市场化管理体制和模式，同时实施对外开放政策，积极吸引外国投资和游客。

表1–4 **改革开放初期文旅产业重要政策汇总**

| 时间 | 政策名称 | 发布单位 | 主要影响 |
|---|---|---|---|
| 1978年3月 | 《关于发展旅游事业的请示报告》 | 中共中央 | 将中国旅行游览事业管理局改为直属国务院管理，标志着旅游业开始向产业化方向转变 |
| 1980年1月 | 《关于认真学习贯彻第四次全国文代会精神的通知》 | 中共中央 | 明确新时代文艺工作的任务内容，保证文艺工作“百花齐放、百家争鸣” |
| 1985年5月 | 《旅行社管理暂行条例》 | 国务院 | 旅游业第一部行政法规，标志着旅游业管理开始规范化、法治化 |
| 1988年2月 | 《关于加强文化市场管理工作的通知》 | 文化部和国家工商局 | 提出文化市场的概念，表明我国文化产业走向市场化发展路径得到了官方的支持和肯定 |

资料来源：根据相关资料整理。

这一时期，中国的酒店业开始迅速发展。1984年，全国第一家中外合资企业——建国饭店在北京建立，标志着中国酒店业开始引入国际管理和服务标准。旅行社在这一时期也经历了重要变革。1978年，中国旅行游览事业管理局直属国务院管理，旅行社开始从“政治接待型”向“经济经营型”转变。中国国旅（中国国际旅行社）和中国旅行社等国有旅行社在改革开放初期发挥了重要作用，不仅在国内市场占据领先地位，也开始积极拓展国际市场。截至1985年，中国的入境旅游人数从1978年的180.92万人次增长到1985年的1 783.31万人次。为推动文化产业发展，政府鼓励对传统历史文化资源的挖掘和开发，修复和建设了一批博物馆、文化艺术中心、历史主题公园等场所，截至1985年，全国已有近800家博物馆，馆藏文物数量达到30万件。同时，一些以自然景观和历史文化遗址为核心旅游项目的景点开始对外开放，如故宫、长城等。

2）改革开放中期（1991—2010年）

改革开放中期，政府明确了文旅产业对经济发展的重要作用，采取一系列措施推动文化与旅游产业蓬勃发展（见表1-5）。得益于国家政策的大力支持和市场机制的逐步完善，文化产业规模开始扩大，新型文化业态如数字媒体和网络文化企业逐渐兴起，文化消费需求日益增长。旅游产业的市场化运作更加规范，各个旅游企业开始重视管理品牌形象，着力打造具有代表性的文化和旅游产品品牌。

表1-5　**改革开放中期文旅产业重要政策汇总**

| 时间 | 政策名称 | 发布单位 | 主要影响 |
|---|---|---|---|
| 1991年2月 | 《关于加强旅游行业管理若干问题的请示》 | 国务院 | 提出对各地建立正常的、规范的旅游行业管理秩序的总要求，整顿旅游市场 |
| 1992年6月 | 《关于加快发展第三产业的决定》 | 中共中央、国务院 | 将旅游业确定为第三产业中的重点产业 |
| 1993年11月 | 《中共中央关于建立社会主义市场经济体制若干问题的决定》 | 中共中央 | 明确提出培育和发展市场体系，文化产业市场发展体系逐渐明朗 |

续表

| 时间 | 政策名称 | 发布单位 | 主要影响 |
| --- | --- | --- | --- |
| 1993年11月 | 《关于积极发展国内旅游业的意见》 | 国务院办公厅 | 提出“搞活市场，正确引导，加强管理，提高质量”作为国内旅游发展的方针 |
| 1994年1月 | 《旅游安全管理暂行办法实施细则》 | 国家旅游局 | 加强旅游安全管理 |
| 1996年10月 | 《旅行社管理条例》 | 国务院 | 规范旅行社管理 |
| 2000年10月 | 《中共中央关于制定国民经济和社会发展第十个五年计划的建议》 | 中共中央 | “文化产业”概念在文化产业政策中正式运用，首次提出“完善文化产业政策”，将文化产业列入国民经济和社会发展计划之中 |
| 2001年3月 | 《国民经济和社会发展第十个五年计划纲要》 | 国务院 | 文化产业在经济发展中的重要地位被确认，文化产业开始和文化事业共同发展 |
| 2001年4月 | 《关于进一步加快旅游业发展的通知》 | 国务院 | 强调旅游业作为国民经济新的增长点的作用 |
| 2006年9月 | 《国家“十一五”时期文化发展规划纲要》 | 国务院 | 我国首个关于文化发展的中期规划 |
| 2006年11月 | 《中国旅游业发展“十一五”规划纲要》 | 国家旅游局 | 明确提出把旅游业培育成为国民经济的重要产业 |
| 2009年9月 | 《文化产业振兴规划》 | 国务院 | 我国第一部文化产业长期规划，标志着文化发展已上升为国家战略层面 |

续表

| 时间 | 政策名称 | 发布单位 | 主要影响 |
| --- | --- | --- | --- |
| 2009年12月 | 《关于加快发展旅游业的意见》 | 国务院 | 提出“把旅游业培育成国民经济的战略性支柱产业和人民群众更加满意的现代服务业” |
| 2010年4月 | 《关于金融支持文化产业振兴和发展繁荣的指导意见》 | 中宣部、中国人民银行等九部委 | 鼓励银行业开发适合文化产业特点的信贷产品，加大有效信贷投放 |

资料来源：根据相关资料整理。

这一时期，我国文旅企业的发展核心为重投资和重销售，涌现出一批国家重点风景名胜区，例如湖南省张家界风景区、天津市盘山风景名胜区、青海省青海湖风景名胜区等。各种主题公园如雨后春笋般涌现，如位于上海的欢乐谷，是中国第一个大型综合性主题公园；位于广州长隆旅游度假区的长隆欢乐世界，以其高标准的园区设计和丰富多彩的游乐项目而著称；曲江文投依托西安丰富的文化遗产，如大雁塔、唐代芙蓉园遗址等，通过创意包装、资源整合和策划实施一批重大文旅项目，投资超过200亿元，打造大唐芙蓉园、大明宫等旅游景点，带动文化和旅游产业门类发展的同时，实现城市价值的提升。这一时期，在世界遗产的申报和保护方面也取得了新的成就，例如平遥古城和城墙（1997年申遗）、明清皇家陵寝（明十三陵和清东陵）（2000年申遗）。同时，这一时期见证了文旅民营企业的快速发展，如光线传媒、华谊兄弟等影视公司与演艺公司，成为文化产业的新兴力量；海昌海洋公园等民营旅游企业也开始崭露头角。

3）蓬勃发展期（2011—2019年）

这一时期，国家政策的持续支持（见表1-6）以及数字科技的不断赋能，共同促进了文旅产业的创新和繁荣。政府对文旅产业的资金投入增加，数字文旅产业异军突起，成为推动产业发展的新引擎。行业机构和从业人员数量显著增长，艺术表演和图书馆服务得到了提升，群众文化活动和旅游市场均呈现出活跃的增长态势，为人民的美好生活需求提供了丰富的文化和旅游产品。

表1-6　　**蓬勃发展期文旅产业重要政策汇总**

| 时间 | 政策名称 | 发布单位 | 主要影响 |
| --- | --- | --- | --- |
| 2011年11月 | 《关于进一步加强公共数字文化建设的指导意见》 | 文化部、财政部 | 提出全面加强公共数字文化的制度体系、网络体系、资源体系、管理体系和服务体系建设 |
| 2013年8月 | 《网络文化经营单位内容自审管理办理》 | 文化部 | 规范网络文化内容自审，保障网络文化内容的合法合规 |
| 2018年10月 | 《关于加强文物保护利用改革的若干意见》 | 中共中央办公厅、国务院办公厅 | 加强文物保护利用改革，提升文物保护管理效能 |
| 2019年8月 | 《关于进一步激发文化和旅游消费潜力的意见》 | 国务院办公厅 | 提出九项政策措施，推动文旅消费试点示范，拓展消费新空间，点亮夜间经济，用消费金融为文旅消费赋能，改善文旅消费环境，丰富产品供给，推动景区提质扩容，提升入境旅游环境 |
| 2019年11月 | 《游戏游艺设备管理办法》 | 文化和旅游部 | 规范游戏游艺设备管理，促进游戏游艺行业健康发展 |

资料来源：根据相关资料整理。

这一时期，我国文旅企业的发展核心从重投资向重运营、从重销售向重内容转变，文旅产业及相关产业在国民经济特别是第三产业中占有重要地位。文化产业园区数量和规模持续增长，截至2019年底，全国各类文化产业园区总数已超过千家，《印象·刘三姐》《长恨歌》等大型山水实景演艺产品采用高科技舞美灯光，将历史故事与实景演出相结合，深受观众喜爱。以携程、同程、途牛等为代表的在线旅游企业（OTA）利用网络技术，逐渐替代传统旅行社为游客提供一站式的出行服务，服务范围已覆盖手机APP、PC官网、微信小程序、手机轻应用、短视频平台、智能手表、智能汽车系统乃至线下酒店、汽车运营商、景区等多元化场景，服务于广泛的用户人群。

4）疫情时期（2020—2022年）

2020年初新冠疫情暴发，由于全球范围内的地域封锁和旅行限制，对文旅产业发展造成了巨大的阻碍和冲击。疫情期间，中国政府出台一系列政策支持文化和旅游产业复苏，重点包括提供财政支持、推动数字转型和加强安全管理；这些政策旨在缓解企业压力、激活市场需求，并促进文化与旅游产业的深度融合（见表1-7）。

表1-7　　疫情时期文旅产业重要政策汇总

| 时间 | 政策名称 | 发布单位 | 主要影响 |
| --- | --- | --- | --- |
| 2020年1月 | 《关于全力做好新型冠状病毒感染的肺炎疫情防控工作暂停旅游企业经营活动的紧急通知》 | 文化和旅游部办公厅 | 为应对新冠疫情，暂停旅游企业经营活动，减少人员流动，保护公共卫生安全 |
| 2020年2月 | 《公共图书馆、文化馆（站）恢复开放工作指南》 | 文化和旅游部公共服务司 | 提供了公共文化设施恢复开放的指导，确保疫情防控和文化服务的平衡 |

续表

| 时间 | 政策名称 | 发布单位 | 主要影响 |
| --- | --- | --- | --- |
| 2020年2月 | 《旅游景区恢复开放疫情防控措施指南》 | 文化和旅游部资源开发司 | 指导旅游景区在疫情防控的同时逐步恢复开放，促进旅游业的有序恢复 |
| 2020年6月 | 《公共文化领域中央与地方财政事权和支出责任划分改革方案》 | 国务院办公厅 | 推动公共文化服务供给的精细化与管理的科学化，促进公共文化服务高质量发展 |
| 2020年8月 | 《在线旅游经营服务管理暂行规定》 | 文化和旅游部 | 提升旅游产品和服务质量，规范旅游市场 |
| 2020年11月 | 《关于推动数字文化产业高质量发展的意见》 | 文化和旅游部 | 明确数字文化产业发展目标、思路和任务，推动深化供给侧结构性改革，扩大优质数字文化产品供给 |
| 2021年4月 | 《"十四五"文化和旅游发展规划》 | 文化和旅游部 | 规划"十四五"期间文化事业、文化产业和旅游业的繁荣发展，推动文化和旅游深度融合发展 |

资料来源：根据相关资料整理。

疫情期间，受出行管制政策影响，游客数量断崖式下跌，景区、酒店、航空公司等实体企业经营遭受重创。VR、AR、人工智能、元宇宙为代表的新技术创新引领文旅产业变革，如湖南博物馆通过借助VR/AR技术、移动电子设备增强观众对马王堆汉代文化的沉浸式体验感。2022年，深圳宝安元宇宙AR秀以数字技术及文化创意为支撑，充分运用了“凤凰梧桐、鲲鹏展翅、骏马奔驰”三大宝安城市IP，进一步升级了城市“夜游、夜购、夜娱”的夜经济。这一时期，受疫情影响，周边游、近郊游成为出行的主流模式，“县城游”“乡村游”“冷门景点游”也持续升温，带动了县域经济和乡村旅游的发展。

5）后疫情时期（2023年至今）

后疫情时期的文化和旅游产业政策聚焦于恢复与振兴，强调可持续发展和文旅融合，致力于提升产业整体竞争力与市场吸引力，促进经济复苏与社会繁荣发展（见表1-8）。

表1-8　**后疫情时期文旅产业重要政策汇总**

| 时间 | 政策名称 | 发布单位 | 主要影响 |
| --- | --- | --- | --- |
| 2023年9月 | 《关于进一步加强大型营业性演出活动规范管理促进演出市场健康有序发展的通知》 | 文化和旅游部、公安部 | 加强对营业性演出活动的监管，提升演出市场的质量与规范管理 |
| 2023年11月 | 《国内旅游提升计划（2023—2025年）》 | 文化和旅游部 | 提出到2025年，国内旅游市场规模保持合理增长、品质进一步提升，推动旅游业高质量发展 |
| 2024年6月 | 《关于推进旅游公共服务高质量发展的指导意见》 | 文化和旅游部等多部门 | 提出加强旅游惠民便民服务，推动旅游惠民便民设施建设改造，提升入境旅游公共服务水平，促进公共文化服务和旅游公共服务融合发展等措施 |

资料来源：根据相关资料整理。

2023年，文旅产业处于恢复性增长阶段。2023年1月同程发布的统计数据显示：国内机票较2019年同期增长129%，汽车票增长230%。2023年“五一”期间国内热门城市机票、高铁预订量大幅增加，用户单程平均出行389公里，恢复至2019年八成水平。2023年全年同比疫情前的2019年，国内旅游市场的游客量增长196%。2024年，文旅产业展现出与新质生产力结合的显著特征，借助大数据、人工智能、光影技术、5G、元宇宙等前沿科技，让沉浸式体验成为可能，并为文旅新场景的体验品质赋能。深度体验、高品质的文化旅游产品成为市场热门选择；精致露营、冰雪旅游、夜游、微度假、围炉煮茶等新业态层出不穷；文博看展、文化演艺、国风国潮逐渐成为旅游新风尚。以短视频、直播为代表的新兴社交媒体和视频平台，逐步成为旅游交易的重要渠道。更具直观性、互动性和裂变效应的新媒体营销，为旅游目的地带来“泼天富贵”，例如哈尔滨文旅利用抖音持续打造“冰雪旅游热”，成为2024年初首座网红城市。

### 1.2.2 中国文旅产业发展现状

1）酒店餐饮业

2018年12月—2024年3月，中国星级酒店数量整体呈现下降趋势，从8 842家减少至6 295家，尤其在2020年疫情期间跌幅明显（如图1-2所示），反映出星级酒店标准化的服务逐渐不能满足多样化的市场需求，消费者偏向于更具个性化和灵活性的住宿餐饮产品这一趋势。随着近年来中国市场消费升级，专注于中高端市场的连锁精品酒店的竞争力稳步提升，如亚朵酒店、桔子水晶酒店等。另外，以个性化住宿为核心的民宿行业，自2014年起，随着途家、小猪短租等在线平台的崛起，在线预订与运营管理逐步实现标准化，民宿行业也随之迎来了高速发展。据中经网统计①，规模以上民宿法人数量在2018—2023年之间，从96家增加到751家，营业额从7亿元增长到33亿元，资产总计更是达到了104亿元，民宿业市场规模不断扩大，市场格局更加多元化、细分化。国家统计局数据显示：2023年我国餐饮行业快速恢复，其中限额以上餐饮企业（即年营业总收入人民币200万元及以上）凭借标准化供应链体系及优质服务，对整个餐饮行业实现正增长起到了正向拉动作用。

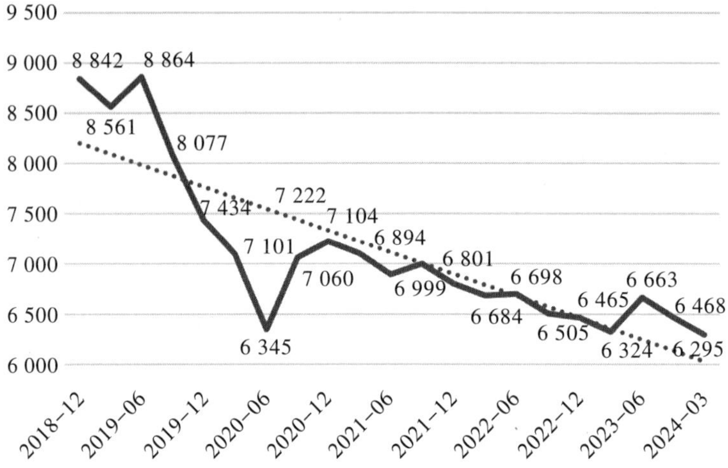


**图1-2　全国星级酒店数量变化**

资料来源：中经网．星级饭店数量_期末［DS/OL］．［2024-07-10］．https：//db.cei.cn/jsps/Home.

2）航空运输业

近年来，中国航空公司数量逐年增加（如图1-3所示），截至2023年底，中国共有运输航空公司66家，其中全货运航空公司13家。国内航线网络已覆盖绝大部分省区市，国际航线网络也在不断扩展。2023年，中国民航全行业完成旅客运输量6.2亿人次，比上年增

① 中经网．限额以上住宿业法人单位数_（613_2017）民宿服务［DS/OL］．［2024-07-10］．https：//db.cei.cn/jsps/Home.

长146.1%；完成旅客周转量10 309亿人公里、增长163.4%[①]。绿色环保和国际化发展成为行业关注的重点，国内各大航空公司通过引进高效飞机和推广绿色航油等措施，提升可持续发展水平。例如，中国南方航空公司推出“绿色飞行、按需用餐”服务，2021年上半年，南航实现餐食减重达1 060吨，节约燃油约80吨。中国东方航空公司引入A350、B787等新一代机型，并在机队中持续推进飞机小翼加装和发动机改装以提升燃油效率。

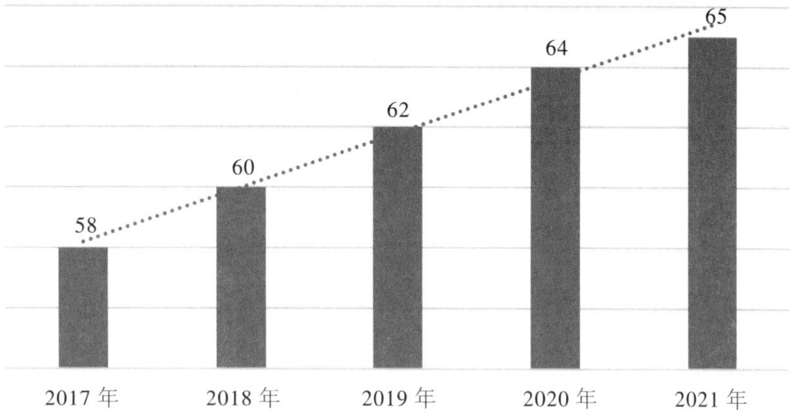


**图1-3　2017—2021年国内运输航空公司数量**

资料来源：根据2017—2021年《民航行业统计发展统计公报》整理、制作。

3）旅行社

2018—2023年，我国旅行社数量从约36 000家增长到接近57 000家（如图1-4所示）。全国旅行社统计调查报告显示：截至2023年底，全国旅行社总数达到56 275家，比2022年增长了24.61%。然而，线下旅行社的营业收入并不乐观，特别是受2020年新冠疫情影响，旅行社营业收入大幅下滑。随着移动互联技术的迅猛发展，在线旅行代理商（OTA）如携程、同程等迅速崛起，吸引了大

① 交通运输部.2023年民航行业发展统计公报［R/OL］.［2024-07-10］. https://xxgk.mot.gov.cn/2020/jigou/zhghs/202406/t20240614_4142419.html.

量消费者，直接对传统旅行社造成了冲击，改变了整个行业的格局。旅游业市场研究机构的数据显示：2019年，传统旅行社的市场份额仅占约40%。目前，许多传统旅行社正在通过提供个性化服务、改善客户关系管理等方式来适应市场变化和增强自身竞争力。

4）旅游景区

文化和旅游部2023年文化和旅游发展统计公报显示：截至2023年末，全国共有A级景区15 721个，直接从业人员160.7万人。全年接待游客57.5亿人次，实现旅游收入4 068.7亿元（如图1-5所示）。2019—2023年，国内A级景区共计增加3 319家，年平均增长量760家，新增数量最多的2020年达到930家，旅游复苏元年的2023年新增数量达到804家。虽然国内A级景区数量不断攀升，但在服务质量、软硬件管理、景区经营收入等方面良莠不齐，存在严重的两极分化现象。

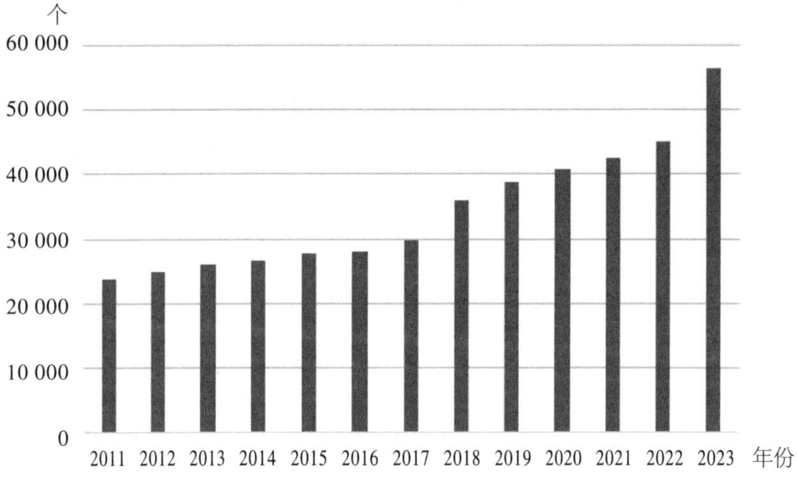


**图1-4　旅行社数量（全国）**

资料来源：中经网.旅行社数量(全国)[DS/OL].[2024-07-10].https://db.cei.cn/jsps/Home.

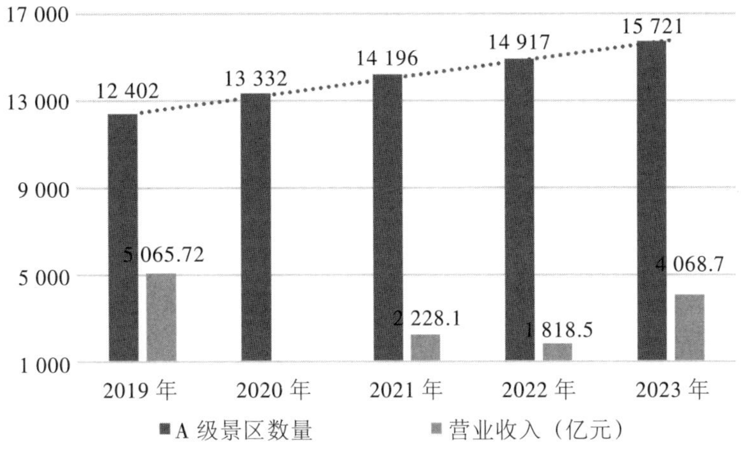


**图 1-5　2019—2023 年全国 A 级景区数量与营业收入**

资料来源：中经网.A级以上及重点旅游景区总数［DS/OL］.［2024-07-10］. https://db.cei.cn/jsps/Home；中经网.A级以上及重点旅游景区营业收入［DS/OL］.［2024-07-10］. https://db.cei.cn/jsps/Home.

5）文化文物业

近年来，文化文物事业发展呈现稳步上升趋势。文化文物机构数量从 2018 年的 306 252 个增加到 2022 年的 328 879 个，其间虽有波动，尤其是 2019 年下降至 287 693 个（如图 1-6 所示）。但随后几年逐渐回升并超过了 2018 年的水平。文物行业的收入从 2018 年的 5 621 156 万元增加到 2022 年的 7 101 229 万元，整体呈现增长态势，特别是在 2021 年，收入达到了 8 046 537.1 万元的高峰。同样，文物行业的支出也从 2018 年的 5 471 143 万元增加到 2022 年的 7 683 280.6 万元，其间在 2021 年达到 9 431 198.6 万元的顶点（如图 1-7 所示）。

文化文物事业不断获得政府的重视和资源支持，2023 年文化和旅游部、国家文物局持续推进中华文明探源工程和“考古中国”重大项目，扎实推进国家级非遗代表性传承人认定工作，继续壮大非遗代表性传承人队伍，截至 2023 年年末，共有国家级非遗代表性项目

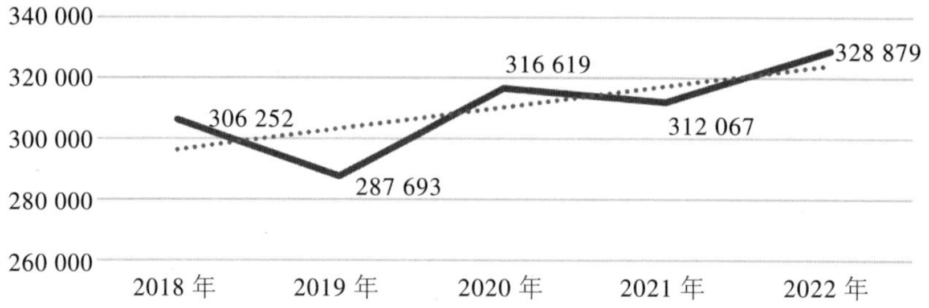


**图 1-6 文化文物机构数（个）**

资料来源：中经网．文化文物机构数［DS/OL］．［2024-07-10］. https：//db.cei.cn/jsps/Home.

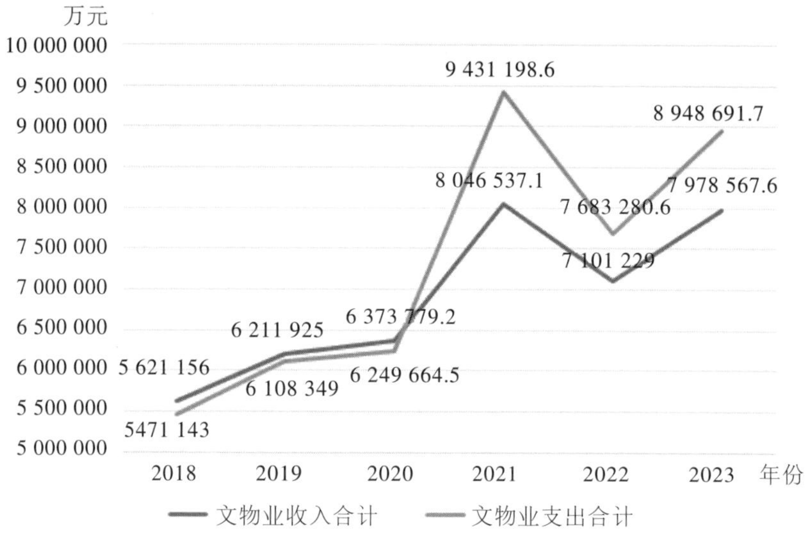


**图 1-7 文物收入、文物支出合计**

资料来源：中经网.文物业收入合计［DS/OL］.［2024-07-10］.https：//db.cei.cn/jsps/Home；中经网.文物业支出合计［DS/OL］.［2024-07-10］.https：//db.cei.cn/jsps/Home.

1 557项，共有在世国家级非遗代表性传承人2 241名。列入联合国教科文组织非遗名录、名册项目43个。

6）电影业

2018年国内电影票房收入为378.97亿元，2019年增长至411.75

亿元。2020年，新冠疫情席卷全球，导致影院关闭和观影人数锐减，票房收入骤降至170.93亿元，揭示了电影市场在不确定环境中的脆弱性。在疫情防控措施逐渐放松后，2021年市场有所回暖，票房收入反弹至399.27亿元，接近2019年的水平。2022年由于疫情反复和其他不确定性因素，票房收入再次下降至255.11亿元（如图1-8所示）。

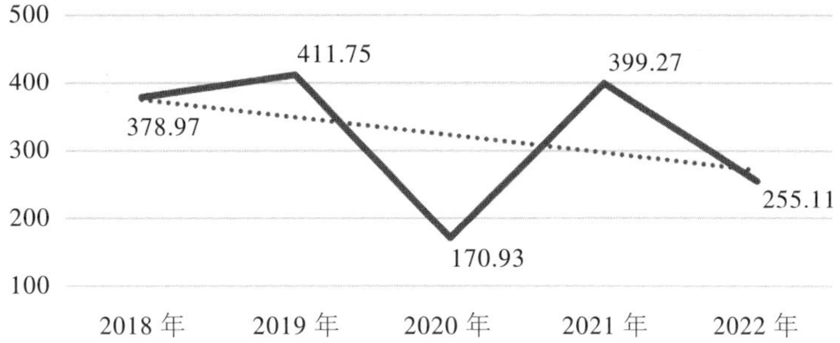


**图1-8　国内电影票房收入合计（亿元）**

资料来源：中经网.国内电影票房收入合计［DS/OL］.［2024-07-10］. https：//db.cei.cn/jsps/Home.

中国电影市场的下沉进程正在稳定推进中，三四线城市观影人次占比由2019年的43%提升至2022年的49%。具有社交属性的院线观影仍是文娱消费的重要选择之一，随着经济走入新阶段，中国电影市场有望重新焕发旺盛的生命力。

## 1.3　中国文旅上市公司分析

### 1.3.1　中国文旅上市公司汇总

本书将文旅上市公司界定为文化和旅游业务占比超过10%的上市企业，其中既包括从事文化资源开发经营业务的旅游企业，也包括从事旅游活动的文化企业。通过查看沪深板块上市公司信息，共115

家上市公司符合上述界定，其中旅游酒店板块上市公司31家，文化传媒板块上市公司72家，航空机场板块上市公司12家（见表1-9）。

表1-9　　　　　　　　**中国文旅上市公司分类汇总**

| 行业板块 | 企业名称及代码 |
|---|---|
| 旅游酒店板块 | 600054 黄山旅游；603099 长白山；002485 ST雪发；002306 中科云网；600706 曲江文旅；002033 丽江股份；603136 天目湖；600749 西藏旅游；000796 凯撒旅业；603199 九华旅游；600593 大连圣亚；000888 峨眉山 A；600138 中青旅；002059 云南旅游；000430 张家界；000978 桂林旅游；300859 西域旅游；002707 众信旅游；300756 金马游乐；601888 中国中免；600358 国旅联合；002159 三特索道；600754 锦江酒店；002186 全聚德；600258 首旅酒店；000524 岭南控股；000428 华天酒店；000721 西安饮食；301073 君亭酒店；605108 同庆楼；601007 金陵饭店 |
| 文化传媒板块 | 300144 宋城演艺；600576 祥源文旅；603466 风语筑；300860 锋尚文化；002699 美盛文化；300592 华凯易佰；300640 德艺文创；000681 视觉中国；300061 旗天科技；600892 大晟文化；300781 因赛集团；600640 国脉文化；300364 中文在线；601098 中南传媒；600551 时代出版；300987 川网传媒；000719 中原传媒；603729 龙韵股份；002400 省广集团；600825 新华传媒；601928 凤凰传媒；002445 中南文化；601019 山东出版；002624 完美世界 300788 中信出版；601949 中国出版；600757 长江传媒；603999 读者传媒；601921 浙版传媒；601900 南方传媒；600229 城市传媒；301052 果麦文化；601858 中国科传；601999 出版传媒；301025 读客文化；603096 新经典；605577 龙版传媒；300413 芒果超媒；600373 中文传媒；601801 皖新传媒；000793 ST华闻；002502 ST鼎龙；002905 金逸影视；603721 中广天泽；600715 文投控股；600977 中国电影；300133 华策影视；002739 万达电影；300251 光线传媒；600136 ST明诚；601595 上海电影；603103 横店影视；300528 幸福蓝海；000892 欢瑞世纪；000156 华数传媒；000665 湖北广电；300027 华谊兄弟；600088 中视传媒；300426 唐德影视；002343 慈文传媒；000802 北京文化；300336 新文化；300291 华录百纳；000607 华媒控股；001330 博纳影业；300182 捷成股份；300654 世纪天鸿；301231 荣信文化；600052 东望时代；600880 博瑞传播；601811 新华文轩；603230 内蒙新华 |

续表

| 行业板块 | 企业名称及代码 |
|---|---|
| 航空机场板块 | 600029 南方航空；601021 春秋航空；601111 中国国航；603885 吉祥航空；000089 深圳机场；600115 中国东航；002928 华夏航空；600221 海航控股；600009 上海机场；000099 中信海直；600897 厦门空港；600004 白云机场 |

资料来源：根据相关资料整理。

### 1.3.2 中国文旅上市公司地区分布

本书通过查询115家文旅上市公司注册地址的经纬度信息，利用ArcGIS软件绘制文旅上市公司地区分布图，得出以下结论：第一，中国文旅上市公司的地区分布主要集中在东部沿海和中部地区。北京、上海、山东等地都有较多的文旅集团分布，其中文旅集团在上海分布最多，以携程集团、锦江国际集团等为代表。第二，无论是旅游酒店、文化传媒还是航空机场板块的上市公司，都倾向于在经济发达的城市和交通枢纽地布局，如北京、上海、浙江等地。第三，旅游酒店板块上市公司在西藏、新疆、云南等西部地区均有分布，可见其选址依托于旅游资源的特点明显。文旅上市公司的地区分布差异反映了中国各地区经济发展的不平衡状态，东部沿海和部分南部省份由于经济优势和交通便利，成为三类公司较为集中的区域，而西部和东北部地区，除了少数重要城市，旅游景区分布较少。

### 1.3.3 中国文旅上市公司上市时间分布

香港中旅（集团）有限公司控股的香港中旅国际投资有限公司成立于1992年，并于当年在中国香港联合交易所挂牌上市，该公司以旅游及旅游配套服务为核心，是中国第一家旅游上市公司。1993年

11月18日在深交所主板上市的岭南控股，是第一家在国内A股市场上市的旅游公司。在20世纪90年代，有39家文旅企业在国内上交所和深交所上市。A股市场在1996年和1997年，先后迎来15家旅游酒店上市公司，如张家界、西安旅游、黄山旅游、华侨城A、华天酒店等。2004年5月，深交所在主板市场内设立中小企业板块，丽江旅游成为当年第一批登陆深交所中小板的旅游企业。2009年10月，深交所创业板正式设立，2010年宋城演艺成功在创业板上市。在2001—2010年，有14家影视传媒公司上市，2011—2020年间，新增影视传媒公司数量达31家。东方航空、海航控股、南方航空、白云机场、中国国航等航空机场板块国有企业主要在1997—2006年陆续上市，春秋航空、吉祥航空、华夏航空等低成本航空公司集中在2014—2018年上市。各时间段新增文旅上市公司数量如图1-9所示。

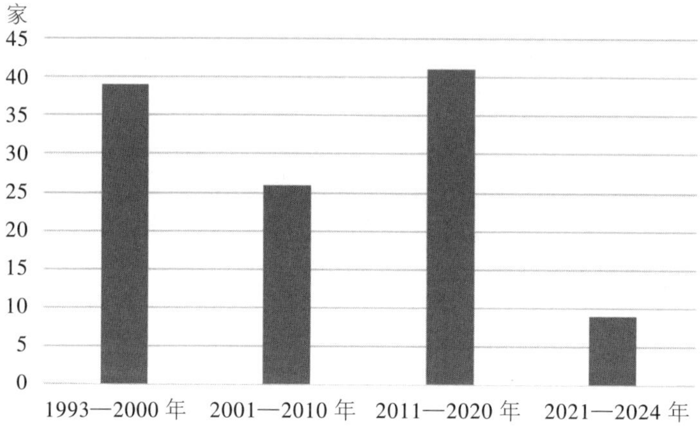


**图1-9　中国文旅上市公司上市时间分布**

资料来源：根据相关资料整理。

### 1.3.4　中国文旅上市公司经营状况分析

2023年，游客出行意愿相较疫情期间大幅提升，国内出游人次达到48.91亿，比上年同期增加23.61亿，同比增长93.3%；国内游客出游总花费4.91万亿元，比上年增加2.87万亿元，同比增长140.3%[①]。景区乐园类公司的盈利能力提升最为显著，净利润同比平均增长高达9倍，成为行业复苏的亮点。2023年营业收入超过100亿元的上市旅游公司共有7家，分别是中国中免、华侨城A、携程、华住、复星旅游文化、锦江酒店、同程旅行（见表1-10）。

表1-10　**2023年营业收入超过100亿元的上市旅游公司**

| 企业简称 | 文旅营业额（亿元） | 同比增长 | 净利润（亿元） | 同比增长 |
|---|---|---|---|---|
| 中国中免 | 675.40 | 24.08% | 72.66 | 17.42% |
| 华侨城A | 557.44 | -27.39% | -84.35 | 33.93% |
| 携程 | 445.10 | 122.12% | 100.02 | 631.68% |
| 华住 | 218.82 | 57.86% | 41.32 | 323.42% |
| 复星旅游文化 | 171.52 | 24.49% | 3.46 | 165.07% |
| 锦江酒店 | 146.49 | 29.53% | 12.77 | 374.33% |
| 同程旅行 | 118.96 | 80.67% | 15.66 | 1 057.12% |

资料来源：根据相关资料整理。

2024年，文旅产业以理性的消费预期、增长的投资信心和积聚的创新动能，稳步进入繁荣发展的新阶段。旅游酒店板块上市公司，营收总额前3名分别为中国中免（312.65亿元，同比减少12.81%）、华侨城A（230.11亿元，同比增长18.38%）、锦江酒店（68.92亿元，同比增长0.23%）；该板块部分公司如锋尚文化、途牛、众信旅游等净利润同比实现超100%的增长，但也有公司如岭南股份、西藏旅游等净利润同比下降超100%。文化传媒板块上市公司，演艺类和影视类的企业复苏趋势明显，如宋城演艺实现了营收与净利润的“双

① 文化和旅游部.2023年国内旅游数据情况［R/OL］.［2024-09-07］.https：//zwgk.mct.gov.cn/zfxxgkml/tjxx/202408/t20240830_954981.html.

增”，且两项同比增长指标位列同类企业第一（营收同比增长59%、净利润同比增长81.75%）；万达电影公司实现扭亏为盈，营业收入62.18亿元，归属于上市公司股东的净利润11.69亿元。航空机场板块上市公司，四大国有航空公司（国航、东航、南航、海航）尚未扭亏为盈，而三家低成本航空公司（春秋航空、吉祥航空、华夏航空）在2024年上半年均实现了盈利。大型机场由于具有规模效应、集聚效应和虹吸效应，业绩改善更为迅速，如上海机场上半年财务数据表现十分亮眼，实现营收60.64亿元人民币，同比增长24.55%。2024年上半年，文旅上市公司的经营收入和净利润数据显示，文旅上市公司盈利能力两极分化现象明显，部分企业如宋城演艺、华强方特表现优异，但也有企业如西藏旅游、桂林旅游出现盈转亏的情况。未来，随着市场环境的持续改善和消费者信心的逐步恢复，文旅产业有望迎来更加广阔的发展空间。

第 2 章

# 文旅产业高质量发展内涵

高质量发展是新时代中国经济发展的鲜明主题，也是全面建设社会主义现代化国家的首要任务。文旅产业的高质量发展必须与国家战略相结合，在物质层面、精神层面和社会层面实现高质量发展（如图2-1所示），以满足人民日益增长的美好生活需要为根本目的，遵循创新、协调、绿色、开放、共享的新发展理念。

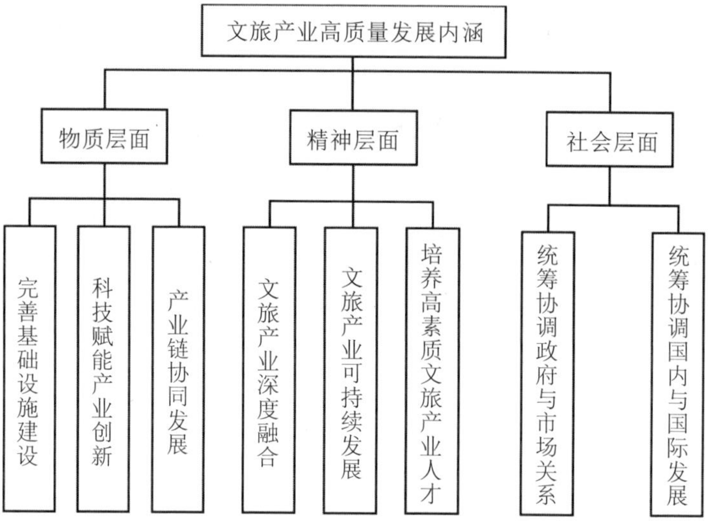


**图2-1　文旅产业高质量发展内涵框架**

资料来源：根据相关资料整理。

## 2.1　文旅产业物质层面高质量发展

文旅产业物质层面的高质量发展，重点在于完善现代文旅产业体系，推进高水平科技自立自强，提高新质生产力在文旅产业中的应用效率，实施要点包括完善基础设施建设、科技赋能产业创新、产业链协同发展三大方面。

### 2.1.1 完善基础设施建设

基础设施建设是支撑文旅产业运作的基石，也是提升游客体验价值和目的地竞争力的关键要素，对文旅产业的发展至关重要。完善基础设施建设的关键在于优化交通网络、保障通信互联和完备服务设施。

第一，优化交通网络。截至2023年年底，全国铁路营业里程15.9万公里，其中高铁营业里程4.5万公里；铁路部门投产新线3 637公里，其中高铁新线2 776公里。全国公路里程543.68万公里，比上年末增加8.20万公里①。颁证民用航空运输机场259个，比上年末增加5个。同时，高铁网络已经覆盖了全国80%以上的5A级景区，推动了沿线城市旅游业的发展。交通网络的优化，提高了旅游目的地可达性，缩短了旅行时间，有助于实现区域旅游协同发展，尤其是偏远地区旅游业发展（马勇、唐海燕，2021）。当前，我国交通网络的发展趋向智能化、电动化与可持续性。截至2023年底，我国充电基础设施累计达859.6万台，同比增加65%②。2021年国务院出台《“十四五”旅游业发展规划》，提出要完善邮轮游艇旅游、低空旅游等发展政策。2024年，中国邮轮产业迎来黄金发展期，上海、深圳、青岛、大连等多个城市共设有15家邮轮港口（见表2-1）；中国已经成为全球第二大邮轮市场，未来邮轮产业要继续深化开放发展环境，加强与国际邮轮制造商、运营商、港口、文化旅游等企业的合作交流。我国低空经济产业链已经较为完善，如何与旅游应用场景结合还需要基于旅游资源进行深度挖掘和创新利用。

---

① 交通运输部. 2023年民航行业发展统计公报［R/OL］.［2024-09-08］. https://xxgk.mot.gov.cn/2020/jigou/zhghs/202406/t20240614_4142419.html.

② 国家能源局. 2024年新闻发布会［EB/OL］.［2024-09-08］.https://www.nea.gov.cn/2024-01/25/c_1310762019.htm.

表2-1　　　　　　　　中国15家邮轮港分布

| 邮轮港名称 | 地理位置 | 服务特点 |
| --- | --- | --- |
| 上海吴淞口国际邮轮港 | 上海市宝山区 | 亚洲最大邮轮母港，拥有2个大型邮轮泊位，可同时靠泊2艘大型邮轮 |
| 上海港国际客运中心 | 上海市虹口区 | 拥有3个邮轮泊位和15个游艇泊位，可同时停泊3艘7万吨级豪华邮轮 |
| 天津国际邮轮母港 | 天津市滨海新区 | 拥有2个大型国际邮轮泊位及配套客运站房，码头岸线长625米 |
| 青岛邮轮母港 | 山东省青岛市 | 拥有3个邮轮泊位，可停靠22.5万吨级超大型邮轮 |
| 广州南沙国际邮轮母港 | 广东省广州市 | 拥有22.5万总吨和10万总吨邮轮泊位各1个，可停靠世界最大邮轮 |
| 深圳蛇口邮轮中心 | 广东省深圳市 | 拥有12万总吨邮轮泊位1个、22万总吨邮轮泊位1个 |
| 厦门国际邮轮母港 | 福建省厦门市 | 改造后可满足1艘15万吨级邮轮和2艘8万吨级邮轮“三轮同靠” |
| 三亚凤凰岛国际邮轮港 | 海南省三亚市 | 可同时停靠5艘万吨级国际豪华邮轮，年接待游客能力200万人次以上 |
| 舟山群岛国际邮轮港 | 浙江省舟山市 | 拥有10万吨级（兼靠15万吨级）码头，全长356米，设有10个双向出入境查验通道 |
| 大连国际邮轮港 | 辽宁省大连市 | 吨位7万吨，东北亚国际邮轮中心 |
| 烟台港 | 山东省烟台市 | 以烟台港为始发港，服务山东省，开辟东北亚航线 |

续表

| 邮轮港名称 | 地理位置 | 服务特点 |
|---|---|---|
| 宁波舟山国际邮轮港 | 浙江省宁波市 | 国际邮轮经济人才基地 |
| 海口国际邮轮港 | 海南省海口市 | 东南亚区域性邮轮中心 |
| 北海国际邮轮港 | 广西壮族自治区北海市 | 拓展东南亚等始发航线 |
| 温州国际邮轮港 | 浙江省温州市 | 拥有7号泊位，靠泊等级为5万吨级兼靠10万吨级，设计年旅客吞吐量22万人次 |

资料来源：根据相关资料整理。

第二，保障通信互联。截至2023年，我国移动通信基站总数达到1 162万个，其中5G基站为337.7万个，占移动基站总数的29.1%，我国5G网络覆盖率持续扩展[①]。目前，全国已有89%的4A级和5A级景区实现了5G网络覆盖，大型的博物馆、图书馆、剧院也基本实现了5G网络覆盖[②]，有助于推动数字化展览和互动体验，增强公众对文化内容的获取和参与。以上数据充分展现了我国政府和运营商在推动通信基础设施发展方面的努力，但在地理环境复杂的旅游热点区域的弱覆盖问题依然存在。基于现状，工业和信息化部与文化和旅游部2023年4月联合发布了《关于加强5G+智慧旅游协同创新发展的通知》，制定了到2025年旅游场所5G网络建设基本完善的目标，使得游客能够享受更快的网速和更稳定的连接，提升在线预订、导航、社交分享等服务的便利性。目前，越来越多的文旅企业依托5G网络、云计算和通信互联技术，建模测算游客行为数据，以此优化服务质量

① 工业和信息化部.2023年通信业统计公报［R/OL］.［2024-09-08］.https://wap.miit.gov.cn/gxsj/tjfx/txy/art/2024/art_76b8ecef28c34a508f32bdbaa31b0ed2.html.

② 河南省文化和旅游厅.文化和旅游场景5G网络覆盖及应用实务手册（2023年版）［R/OL］.［2024-09-08］.https://hct.henan.gov.cn/2023/05-25/2749147.html.

和提升用户体验，如广西旅游发展集团开发运营的“一键游广西”智慧文旅平台，以实时更新的游客数据、详细准确的用户画像为广西文旅发展提供全方位的数据支撑。

第三，完善服务设施。目前，我国旅游公共服务体系尚不完备，尤其是一些经济欠发达地区的旅游公共服务基础设施较为落后，如甘肃、青海等西部省份，即使是敦煌莫高窟、青海湖等热门景区，也存在“停车难”“如厕难”等问题。2024年7月起，国家移民管理局已在北京、上海、大连、成都等地的37个口岸实施144小时过境免签政策，越来越多的外国游客入境中国，但在外语咨询和宣传服务、银行卡和现金支付渠道、外国游客住宿登记等入境游客服务方面还存在一些短板。为提升旅游业高质量服务效能，2024年8月，文化和旅游部等9部委联合印发《关于推进旅游公共服务高质量发展的指导意见》，提出15项完善旅游公共服务体系的具体举措，分别为：优化线下旅游服务中心布局、加强线上旅游公共信息服务、加强旅游公共信息服务资源整合、加强旅游交通基础设施建设、提升旅游交通公共服务设施建设和管理水平、优化旅游交通运输服务、加强旅游应急救援机制建设、优化旅游应急救援设施设备布局、增强旅游应急救援的社会参与、开展形式多样的旅游惠民便民活动、推动旅游惠民便民设施建设改造、提升入境旅游公共服务水平、促进文化和旅游公共服务设施功能融合、丰富旅游场所公共文化服务内容、增强公共文化场所旅游吸引力。

### 2.1.2 科技赋能产业创新

当前，以大数据、人工智能、物联网、云计算、VR/AR等为代表的新一轮科技革命为文旅产业创新实践提供了不竭动力，推动了文旅产业数字化水平不断提升。文旅产业的产品生产方式、服务体验方式以及商业运营模式都呈现出数字化趋势，数字技术正全方位、多角度、全链条地改造文旅产业运行效率和服务质量，激发出文旅产业的新活力。

第一，科技赋能文旅产业的产品创新。我国传统文化展馆和旅游企业利用科技手段创造出沉浸式的体验产品，以满足消费者身临其境的体验需求。例如，故宫博物院将超高清数字技术与中国古代绘画《清明上河图》完美结合，将二维绘画呈现在三维空间中，动态展示了千年前北宋时期的日常生活场景。号称中国首座全景式沉浸戏剧主题公园的“只有河南·戏剧幻城”，综合运用“5G+”先进技术，将融入特色文化元素的戏剧空间与“声”“光”“电”“画”等高度集成化与智能化的数字科技深度融合，为游客提供极具感染力与体验性的戏剧产品。近年来，国内涌现出一批在初创期就重视科技创新的高科技文旅企业。例如，2005年创立的大连博涛文化科技股份有限公司，将创意、艺术与科技完美结合，为国内一线文旅集团及众多5A级景区提供360极限飞球、巨型机械艺术装置等高科技体验产品。该公司还尝试打造以元宇宙IP为主题的文商旅综合体，大连熊洞街中科技感十足的巨型机械“熊北北”，可实现科技智能仿生互动效果，吸引大量本地居民与外地游客参与熊洞街的国潮文化节、电音艺术节、大连夏季动漫游戏嘉年华等主题活动。上海风语筑文化科技股份有限公司成立于2003年，该公司技术实力雄厚，能够提供包括AIGC、人机交互、裸眼3D、全息影像、5G云XR、人工智能、大数据可视化等技术手段，已累计打造超过500座主题展示馆。2023年，该公司抓住杭州亚运会召开契机，为杭州亚运会提供数字媒体内容制作服务，打造多个高品质的数字化体验空间。

第二，科技赋能文旅产业的服务创新。科技赋能为文旅产业的服务创新提供了无限可能，不仅改变了传统服务流程和效率，也提高了用户端的服务便利性，推动着行业向更高效、更个性化的方向发展。

例如，万豪和希尔顿酒店提供智能导览和无接触支付服务，加快了顾客入住和退房的效率。阿里巴巴旗下的无人未来酒店位于杭州西溪园，是全球首家全场景人脸识别酒店，整个酒店几乎看不到工作人员，到处都是游走的智慧机器人为顾客提供全方位的服务。全国范围内的各大图书馆、博物馆、艺术馆、美术馆等文化场馆都在积极推动数字化发展战略：一方面，利用数字科技创新展览方式。例如，国家图书馆通过打造5G全景VR《永乐大典》为读者提供数字化观展服务；通州大运河国家文化公园利用"5G+GPS+北斗全球定位系统"为游客提供智能服务。另一方面，把馆藏文物、艺术品和图书等进行数字化处理。例如，敦煌莫高窟运用三维扫描技术和3D打印技术复制壁画和雕塑，保护与传承中华优秀传统文化中的明珠。另外，移动互联网的广泛应用正在改变人们的出行方式，越来越多的人习惯在网上享受搜集信息、预订门票、租车等服务。截至2023年3月，国内旅游服务类APP的月活跃用户规模达到1.36亿，同比增长36.4%，旅游服务、远途出行微信小程序的月活跃用户规模分别达到2.53亿、0.42亿，同比增长80.4%、149.4%[①]。

第三，科技赋能文旅产业的商业模式创新。数字经济时代，我国文旅产业积极适应新形势，不断扩展数字文旅市场规模和创新商业模式。自2017年起数字文旅企业数量逐年上升，发展至2021年，全国已有数字文旅企业约28 000家；数字文旅市场规模从2017年的7 870.5亿元增长至2022年的9 698.1亿元，增长率高达57.89%[②]。以人工智能、元宇宙为代表的前沿科技，正在以新理念、新业态、新模式与文旅产业深度融合，重塑企业的营利模式和运营模式。例如，大

---

① Quest Mobile.2023年智慧文旅报告［R/OL］.［2024-09-09］.https：//www.36kr.com/p/2259855828266880.

② 华经产业研究院.2024年中国数字文旅行业市场发展监测及投资战略规划报告［R/OL］.［2024-09-09］.https：//caifuhao.eastmoney.com/news/20240108113335658231970.

连蒂艾斯科技发展股份有限公司（简称“EX机器人”）成立于2013年，是一家专注于智能仿生人形服务机器人研发的尖端机器人企业，2021年该公司利用其技术实力在大连金石滩国家旅游度假区创建EX机器人未来科技馆。科技馆每年吸引大量游客参观体验，是集科技、教育、娱乐于一体的沉浸式智能文旅体验馆。

### 2.1.3 产业链协同发展

文旅产业链的协同发展是一个多维度、跨领域的复杂过程，主要体现为文旅产业与农业、制造业及其他服务业的协同发展。

第一，文旅产业与农业协同发展。随着乡村振兴战略的深入推进，越来越多的地区开始将农业与文旅产业相结合，形成了一批以生态农业、休闲农业、观光农业为主要内容的乡村旅游产品。文化和旅游部数据显示，截至2023年，我国共有1 597个全国乡村旅游重点村镇，超过6万个行政村开展乡村旅游经营活动。贵州榕江县举办的“村超”赛事，将村与村之间接地气的活动与“世界第一运动”碰撞出耀眼的火花，获得人民日报、新华社、央视等中央主流媒体的关注和报道，“村超”话题综合浏览量超700亿次，成为中国乡村现象级的赛事。目前，中国有江西篁岭村、陕西朱家湾村、安徽西递村、广西大寨村等8个乡村入选联合国世界旅游组织“最佳旅游乡村”名单，入选乡村总数位列世界第一，表明我国乡村旅游蓬勃发展。此外，乡村旅游还带火了乡村民宿，携程平台的数据显示，2023年乡村民宿供给量同比增长44%，总量达到历史峰值33万家。“文旅+农业”正在进入一个理性繁荣的高质量发展阶段，将继续向多元化、特色化、智慧化、数字化、绿色化方向发展。

第二，文旅产业与制造业协同发展。近年来，工业遗产旅游以其蕴含历史感与神秘感的独特魅力吸引越来越多的文旅企业投资开发。截至2023年，全国已有142个国家工业旅游示范基地，其中包括企业博物馆、创意产业园、开放公园、城市休闲等多种类型的工业旅游开发模式。例如，青岛啤酒博物馆为国内外游客走近青岛啤酒、认识青岛啤酒和体验青岛啤酒文化，提供了窗口和平台，在博物馆中游客可以亲身体验酿酒工艺，也可以免费品尝到未经后期处理的原浆啤酒。大连冰山慧谷是在冰山集团原址上经过改造修建的文化创意产业园区，依托冰山集团近百年历史沉积的工业背景，通过与当代艺术、当代文化的互相渗透，已经发展成为含有厂区体验馆、艺术馆、熊洞街等多种商业主体集聚的文旅综合体。东莞作为“世界工厂”，依托制造业优势，将传统产业与文旅相结合，打造陶瓷博物馆、“东莞稻作智造之旅”“鳒鱼洲与太平手袋厂工业旧址之旅”等旅游线路，这些文旅项目与制药业的有机结合使东莞在保留传统制造业的同时，逐步转型为一个集文化、旅游与工业于一体的综合性城市，形成了独特的工业旅游生态。

第三，文旅产业与其他服务业协同发展。文旅产业集聚能够带动其他服务业的发展，对区域经济的高质量发展具有正向促进作用。为满足市场个性化、深度化的体验需求，精致露营、研学旅游、乡村旅游、冰雪旅游、夜间旅游等项目日渐盛行，充分体现了文旅与教育、体育、商业等服务产业的协同发展。2023年，中国研学旅游市场规模约为1 473亿元，同比增长62.05%①。2021—2022年冰雪季，冰雪休闲旅游人数达到3.44亿人次，收入为4 740亿元，相比2016—2017年冰雪季的1.7亿人次和2 700亿元有了显著增长。2018—2023年，冰雪旅游领域的总投资规模达到1.232万亿元；2023年新增核心重资产冰雪旅游项目55个，总投资约1 220亿元，较2022年增长10.9%②。文旅产业链协同发展

---

① 中国旅游研究院.中国研学旅行发展报告（2022—2023）[R/OL].[2024-09-09].https://www.ctaweb.org.cn/index.php? m=home&c=View&a=index&aid=7058.

② 李志刚.《2024中国冰雪旅游发展报告》：近七成受访者希望体验冰雪休闲旅游[N/OL].[2024-09-09].https://www.ctnews.com.cn/chanye/content/2024-01/05/content_155026.html.

拉动了经济增长，为满足人民群众对美好生活的需求提供了有力支撑。未来，跨行业的合作将更加紧密，文旅产业与科技、教育、健康等领域形成深度融合，将创造出新的商业模式和经济增长点。

## 2.2 文旅产业精神层面高质量发展

文旅产业主要提供以提升人们精神生活为目的的产品和服务，开发并推广在精神层面高质量的文化和旅游产品，有助于提高全民的文化素养，增强文化自信。文旅产业精神层面的高质量发展，重点在于规范市场主体、提供满足人们精神需求的文化和旅游产品，实施要点包括文旅产业深度融合、文旅产业可持续发展、培养高素质文旅产业人才。

### 2.2.1 文旅产业深度融合

2018年4月8日，《国务院机构改革方案》批准通过，文化和旅游部正式成立。此后，国家为促进文旅产业深度融合出台了一系列相应政策（见表2-2），体现出“宜融则融、能融尽融、以文塑旅、以旅彰文”的决心。同时，我国不断加大在文化和旅游领域的对外交流拓展深度和投资力度，截至2023年末，在全球设有48家海外中国文化中心、20家驻外旅游办事处。文旅产业财政资金保障水平也有了新的提升，2023年，全国文化和旅游事业费达1 280.4亿元，比上年增加78.6亿元，同比增长6.5%[①]。相应地，文旅消费市场呈现出上升的趋势，2024年上半年国内出游人次达到了27.25亿，同比增长了14.3%，游客出游总花费为2.73万亿元，同比增长了19.0%[②]。

---

① 文化和旅游部.2023年文化和旅游发展统计公报［R/OL］.［2024-09-12］. https：//zwgk.mct.gov.cn/zfxxgkml/tjxx/202408/t20240830_954981.html.

② 文化和旅游部.2024年上半年国内旅游数据情况［R/OL］.［2024-09-12］. https：//zwgk.mct.gov.cn/zfxxgkml/tjxx/202407/t20240726_954368.html.

表2-2　　　　　　　　**文旅融合主要政策文件汇总**

| 时间 | 发布机构 | 政策名称 | 主要内容 |
| --- | --- | --- | --- |
| 2019年5月 | 文化和旅游部 | 《文化和旅游规划管理办法》 | 推进文化和旅游规划工作科学化、规范化、制度化，提高规划质量 |
| 2019年8月 | 国务院办公厅 | 《关于进一步激发文化和旅游消费潜力的意见》 | 提出促进产业融合发展，建设国家文化产业和旅游产业融合发展示范区 |
| 2021年4月 | 文化和旅游部 | 《“十四五”文化和旅游发展规划》 | 推进文化事业、文化产业和旅游业繁荣发展，作为指导文化和旅游系统“十四五”工作的总体规划 |
| 2023年9月 | 文化和旅游部、自然资源部、住房城乡建设部 | 《关于公布国家文化产业和旅游产业融合发展示范区建设单位名单的通知》 | 公布50个国家文化产业和旅游产业融合发展示范区建设单位，推进文化和旅游产业深度融合发展 |
| 2023年11月 | 文化和旅游部 | 《国内旅游提升计划（2023—2025年）》 | 贯彻落实国务院办公厅印发的《关于释放旅游消费潜力推动旅游业高质量发展的若干措施》，推动旅游业高质量发展 |
| 2024年4月 | 文化和旅游部办公厅 | 《关于组织开展2024年全国文化和旅游消费促进活动的通知》 | 举办全国文化和旅游消费促进活动，优化消费环境，激发文化和旅游消费潜能 |
| 2024年6月 | 文化和旅游部 | 《关于确定22家旅游度假区为国家级旅游度假区的公告》 | 国家级文旅品牌“扩容”，提升旅游度假区的质量和数量 |

资料来源：根据相关资料整理。

文化与旅游的融合就是文化从资源到产品、从产品到产业的3个层次的融合关系（张朝枝、朱敏敏，2020），其核心在于文化与旅游资源的有效整合，形成多元化的消费体验，进而实现行为共振与价值创造（谢春山、于霞，2016）。将文化资源转化为旅游产品需要创新思维，在政策支持和市场需求双重驱动下，文化产业与旅游产业相互赋能，催生了诸如文旅小镇、主题公园、文化节庆、旅游演艺等新型业态。2023年1至9月份，旅游演艺的客均收益贡献是同期景点大门票客均收益贡献的5倍①；周杰伦2023嘉年华世界巡回演唱会呼和浩特站观众达18.4万人次，4天迎来126.17万游客，其中跨省观演占比超过70%，旅游收入高达28.8亿元，是端午假期旅游收入的3.3倍，这些数据反映了文旅深度融合的经济效应。

### 2.2.2 文旅产业可持续发展

发展旅游要以保护为前提，把资源变资产的绿色转型理念为文旅产业融合生态发展指明了方向。新时期文旅产业高质量发展是实现经济、生态、社会三大效益的统一（孙九霞、李菲、王学基，2023）。在高质量发展推动下，文旅企业注重可持续发展，在环境、社会和治理方面做出努力。例如，中青旅以“数字、文化、生态、质量、安全”的“五个中青旅”战略，积极践行社会责任，推动乡村振兴和可持续发展，推出“零碳游”等创新产品，获得社会各界广泛认可和30多项奖项，以2023年实现营业收入96.35亿元、同比增长50.15%、大幅扭亏为盈交出了令社会满意的答卷②。随着旅游业可持续发展理念的深入，绿色运营对于保持旅游企业竞争力和占领更大市场份额至

① 中国演出行业协会．“演出+旅游”小切口看大趋势［R/OL］．［2024-09-12］．https：//www. capa. com. cn/#/index/NewsDetail? activeName= % E5%B8%82%E5%9C% BA%E8%A7%82%E5%AF%9F&id=1730419869895143425.

② 中青旅．中青旅控股股份有限公司2023年年度报告［R/OL］．［2024-09-12］．https：//images1.aoyou.com/cytspicvideo/202404/pbv02403152140.pdf.

关重要，绿色转型对文旅产业高质量发展影响重大（如图2-2所示），文旅企业承担着将更多的绿色文化要素融入旅游载体，使大众在旅游过程中受到潜移默化的理念引导的使命。

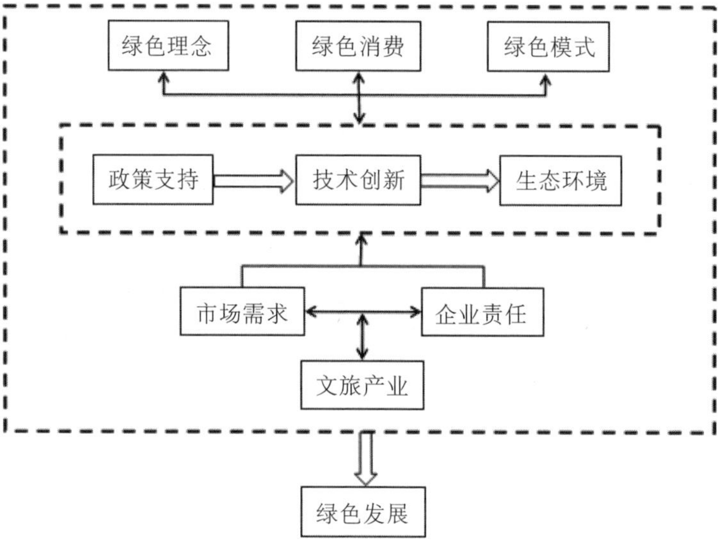


**图2-2　文旅产业绿色发展影响机制**

资料来源：根据相关资料整理。

为实现可持续发展目标，文旅企业深入研发“文旅+绿色”产品，绿色生态游、康养旅游等各类生态友好产品逐渐涌现，废弃矿山、工业遗址、古旧村落等存量资源焕发出了新的生机。例如，山东省菏泽市巨野县核桃园镇曾是菏泽最大的山石开采基地，2015年当地封山种树，结合现存资源全力打造景区，最终形成了青龙山旅游度假区、白虎山天池风景区、前王庄石头寨民俗文化区等热门旅游景点，把废弃矿山变成了“绿水青山”，完美诠释了“盘活存量资源，释放旅游价值”的理念。不过当前很多文旅企业依然存在过度开发旅游产品的现象，比如，一些企业在设计景区时，为了修建景观带，会人为切割野生动物的行动路线，使得野生动物被“困”在一个固定地点，对野生动物的生存环境造成破坏。文旅企业在开发旅游产品时，应避免短视行为和盲目扩张带来的风险，要强化旅游的溢出效应，深度普及提质增效、降碳减排等绿色经营理念，促使文旅产业经营主体逐步形成具有绿色经营理念的经营模式，倡导绿色消费，实现经济效益、社会效益和环境效益的共赢。

### 2.2.3 培养高素质文旅产业人才

培养高素质文旅产业人才，应从三个方面着手：优化文旅人才教育体系、畅通产学研人才培养通道和优化人才收入分配机制。

第一，优化文旅人才教育体系。党的二十大报告提出，要“完善人才战略布局，坚持各方面人才一起抓，建设规模宏大、结构合理、素质优良的人才队伍。加快建设世界重要人才中心和创新高地，促进人才区域合理布局和协调发展，着力形成人才国际竞争的比较优势”。人才是经济社会发展的第一重要资源，而在文旅产业尤其是旅游行业，专业人才较为匮乏。统计数据显示：我国旅游专业本科毕业生初次就业选择旅游行业的仅占20%~30%，而稳定率为10%~20%，大量旅游专业人才并未留在行业内，旅游业人才供不应求[①]。当前的文旅人才教育体系虽在不断完善，但仍存在诸多弊端，例如文化和旅游融合发展的蓬勃需求在专业设置上并未得到充分响应。文旅人才存在种类差异大、需求层次多的特点（如图2-3所示），因此还需根据不同层次的人才需求，进行有针对性的分层培养，以优化文旅人才教育体系。

① 韩玉灵，操阳.中国旅游人才发展报告（2024）［R/OL］.［2024-09-12］.https：//www.pishu.com.cn/skwx_ps/bookDetail？SiteID=14&ID=15299628.

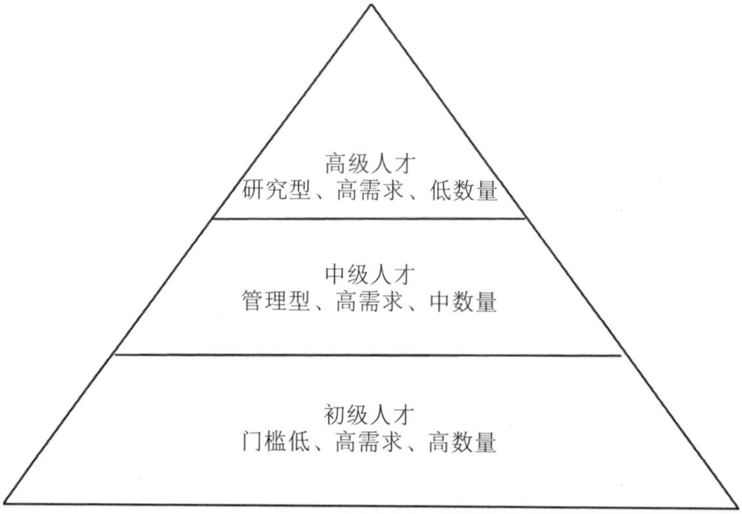


**图 2-3　文旅人才需求分布图**

资料来源：根据相关资料整理。

第二，畅通产学研人才培养通道。2020年1月，教育部办公厅印发了《教育部产学合作协同育人项目管理办法》，旨在促进高校与企业的合作，推动产学结合，增强学生的实践能力和创新能力。新时代的旅游人才需要专业培养，更需要到产业一线去实践锻炼。携程集团为此做出表率，于2023年推出“乡村旅游振兴”战略，计划投入10亿元资金，规模化赋能100个旅游村、培养10 000名乡村旅游振兴人才。人才是文旅产业发展的基础，必须畅通产学研的培养通道，推动形成“教育—科技—人才”的循环发展模式。

第三，优化人才收入分配机制。劳动收入公平分配，即“分好蛋糕”是培养高素质文旅产业人才的基础。文旅产业收入分配存在严重的两极分化，是引发招聘难、人才流失严重等问题的重要原因。以影视业为例，个别明星的片酬高昂，远远高于其他工作人员的人均收入，往往是普通演员乃至幕后工作人员收入的数十倍甚至上百倍。这种极端不合理的收入分配模式导致了大量人才选择转行或离开行业，造成了行业整体发展的不稳定性。酒店业中收入分配的不平衡现象同样严重，高级管理人员的工资往往是基层员工的数十倍，巨大的收入差距不仅打击了基层员工的积极性和工作热情，还导致了高水平服务质量难以维持，进而影响了顾客满意度和酒店的长远发展。解决这一问题需要从制度上进行深刻变革，提升基层员工的收入和福利待遇，确保他们的劳动价值得到应有的尊重和认可。

## 2.3 文旅产业社会层面高质量发展

文旅产业的崛起不仅仅是经济增长的引擎，更是社会文化的焦点，承载着传统与现代的交融，是连接过去与未来的纽带。文旅产业社会层面的高质量发展，重点在于塑造文化认同，增进民生福祉，增强人民群众的获得感和幸福感，实施要点包括统筹协调政府与市场的关系、统筹协调国内与国际发展。

### 2.3.1 统筹协调政府与市场的关系

第一，发挥政府服务和监督职能。文旅产业发展过程中，政府部门需要在规范经济交易、保障企业合法权益、维护消费者利益等环节行使监管权力并产生限制、约束和管理作用。当前，我国政府大力发展大众旅游事业，增强旅游的普惠性、便民性，有效行使了政府对市场的服务和监督职能。例如，2013年全国A级旅游景区平均门票价格为31元，2022年降至23元[①]；截至2024年5月，全国超过90%的博物馆免费向社会公众开放，约7 000家A级旅游景区实现首道门票免费，门票价格的下降体现了在政府规制下旅游普惠水平的有效提

① 中国社会科学院旅游研究中心.2013年中国4A、5A级旅游景区门票价格分析报告［R/OL］. ［2024-09-15］. http: //trcchina. cssn. cn/yjcg/qwfb/zglyrddc/201412/t20141203_4345244.shtml.

升。文旅产业具有一定的公益性和社会性，其发展不能完全交由市场决定；同时为了保证经济效率和服务质量，也不能完全交由政府主导，需要统筹协调政府和市场职责。在文旅基础设施建设和公共文旅服务提供方面，还需要由政府主导，包括法规的制定、行业标准的设定以及实施和监督的过程（樊志勇，2011）。另外，文化与旅游市场持续兴盛，"黑车""黑导游"等扰乱市场稳定秩序的现象相伴而生，对文旅产业发展带来负面影响，需要政府在旅游市场拓展中行使监管权力，保障消费者的合法权益，建立常态化的监督机制，搭建全民参与、监督有效、纠偏及时的立体化综合监督体系，解决市场乱象问题。

第二，建立健全文旅产业市场机制。改革开放以来，文旅产业经过40多年的市场化发展，资本、劳动力、技术、管理等要素资源基本实现了按照市场规律配置（宋瑞，2014）。《中华人民共和国旅游法》于2013年4月25日在第十二届全国人民代表大会常务委员会第二次会议通过，并历经2016年、2018年两次修正。制定旅游法的目的就是要保障旅游者和旅游经营者的合法权益，规范旅游市场秩序，保护和合理利用旅游资源，促进旅游业持续健康发展。《"十四五"文化和旅游发展规划》中也再次强调建立健全文旅产业市场机制的重要性，提出要"完善现代文化和旅游市场体系。服务扩大内需战略，坚持培育和监管并重，做优做强国内市场，提高资源配置效率和公平性，提升市场监管能力，不断完善统一开放、竞争有序的现代文化和旅游市场体系"。

第三，提升微观主体创新能力。目前，我国文旅企业在数字化转型、新型旅游产品开发、跨界融合、绿色旅游、品牌建设和智慧旅游方面展现出显著的创新活力，推动了文旅产业的高质量发展。与需求的大众化、多样化、日常化、分散化相对应，文旅产业不断涌现出新型旅游目的地、新的旅游市场、新的消费层次、新的旅游环节以及新的旅游业态（杜一力，2018）。例如，深圳华侨城文化旅游科技集团有限公司已经形成“文化旅游事业群、数字娱乐事业群、文化科技事业群、互联生态衍生事业群、金融投资业务”的“4+1”业务体系格局，2024 年上半年其旅游综合业务收入 113.25 亿元，同比上涨 9.88%。然而，部分中小微文旅企业在技术应用和资源配置上仍存在不足，市场竞争激烈，政策环境变化带来的不确定性也对其创新行为产生一定影响，需要进一步优化资源配置和政策支持，以全面提升中小微文旅企业的创新能力。

### 2.3.2 统筹协调国内与国际发展

第一，促进文旅产业国内大循环。国内游市场的进一步发展完善有利于充分发挥旅游业带动效应强的特点，有助于进一步拉动消费、增加就业。有测算显示，旅游业每收入 1 元带动相关产业收入 4.3 元；全国 A 级旅游景区直接就业人数 160 多万人，带动综合就业超过 1 000 万人，可见文旅产业与区域经济的联系是何等紧密（时朋飞、李星明、熊元斌，2018）。岳菊和戴湘毅（2024）以系统论为切入视角，构建了区域文化遗产与旅游发展耦合协调发展的理论框架和评价指标体系，认为文化遗产作为旅游发展的核心动力要素之一，始终对旅游发展起着重要的促进作用，文化效应是促进文旅产业国内大循环的主力。

第二，大众与小众旅游目的地协调发展。过去出行的主力是北上广深等一线城市和强二线城市居民，现在越来越多的低线城市和乡村居民加入旅游大军，下沉市场成为旅游消费的新动力。消费主体的变化带来旅游产品的新趋势，例如城市漫游（Citywalk）、自驾露营、近郊休闲、乡村度假等休闲旅游方式，由于较高的性价比和通行便利性越来越被推崇，由此产生的小众旅游目的地，也越来越受到旅游者的喜爱。例如，小红书的“菜市场漫游指南”和豆瓣的“菜市场爱好者”已成为新的流量入口。我们正处于一个“人人都是游客、处处都是场景”的时代，这一趋势为旅游经济的繁荣和企业的创新提供了广阔的市场空间。大众与小众旅游目的地协调发展，既能发挥大众旅游目的地的资源和品牌优势，提升文旅产业经济效益和社会效益，也能改善小众旅游目的地的知名度和服务水平，带动周边业态的可持续发展，满足消费者的个性化需求。

第三，提升入境游客对中国的文化认同感。《“十四五”文化和旅游发展规划》明确提出要“加强中外文化交流和多层次文明对话，深化国际旅游合作，持续提升中国文化、中国精神、中国价值的国际认同，创新交流合作的机制、内容和方式，不断完善对外和对港澳台文化交流和旅游推广体系，提高国家文化软实力，推动我国逐步从国际文化发展的贡献者向引领者转变”。国家统计局公开数据显示：2024年上半年，全国各口岸入境外国人达到1 463.5万人次，同比增长152.7%，越来越多的外国人选择中国作为旅游目的地。岳晓燕和孙业红（2024）认为遗产旅游承载了重要的政治文化功能，是建构入境跨文化交流的重要桥梁。但由于信息不对称，依然存在中国真实形象与西方主观刻板印象反差的问题，雷同的“历史文化古街”“古城民宿”和“遗址博物馆”等，让入境游客难以形成对中国地方文化的准确感知。截至2024年9月，我国世界遗产总数达59项，成为拥有联合国教科文组织认定的人类自然和文化遗产最多的国家。结合不同客源国的游客特点，植入中国特色文化可以提升入境游客对中国文化的认同感（张凌云，2019）。

## 2.4 哈尔滨冰雪旅游高质量发展案例

### 2.4.1 引言

哈尔滨市（以下简称“哈尔滨”）是黑龙江省的省会，素有“东方小巴黎”之称。该市四季分明，夏季凉爽，冬季漫长，因而成为避暑和冰雪旅游的热门目的地。由于黑龙江省与俄罗斯接壤，其省会哈尔滨与该国在文化上有着深厚的交流，形成了中西文化融合的城市风格，自然与人文景观交相辉映，呈现出独特的魅力。

1985年，哈尔滨举办了第一届“哈尔滨冰雪文化节”，经过近40年的发展与沉淀，2024年伊始，哈尔滨的冰雪旅游产品大放异彩，从冰雪大世界到中央大街，再到各种冰雪活动，哈尔滨展现出了“冰雪王国”的独特魅力，让游客们大呼过瘾，冰雪旅游市场实现了“开门红”。元旦假期的哈尔滨冰雪大世界，每天都有数万名游客涌入，跨年夜的门票甚至一票难求。2024年黑龙江省政府工作报告指出：“哈尔滨机场旅客年吞吐量达到2 080.5万人次，创历史新高，居东北地区之首，成为最热门的冰雪旅游目的地之一，全年接待游客数量、旅游收入分别增长85.1%和213.8%”。在全球旅游行业面临转型的背景下，哈尔滨依托独特的冰雪景观、历史遗迹和多元文化，正在努力实现文旅产业的高质量发展。哈尔滨以服务型政府应有的热情，积极响应市场需求，探索全域全民价值共创的新路径，热情好客的市民、优质的服务、具有话题性的新媒体传播构成了哈尔滨冰雪旅游的显著优势。哈尔滨积极探索品牌化、市场化、数字化和精细化的发展路径，以提升其在旅游市场中的竞争力。

### 2.4.2 物质层面高质量发展解析

为方便游客前往，哈尔滨不断完善交通网络，2023年实施路桥建设82公里，总投资超百亿元；全长66公里的三环路全线贯通，实现了三环快速路体系“闭环”运行，进一步完善了哈尔滨东部地区路网体系①；地铁3号线老道外段通车运营；机场第二通道地面道路在建设中，将改善机场的地面交通连接。哈尔滨在公共服务设施方面也进行了完善，例如，市博物馆数字VR全景新馆已于2023年5月18日正式上线，提供了更加便捷的线上参观体验服务；市科技馆内设有10个常设展区、400余件（套）展品，涵盖了机械、能源、航天、数学、电磁学、声光学、信息技术等多个学科领域。哈尔滨以更高的智慧和更久的耐心，不断夯实城市旅游发展的硬基础和硬实力。

冰雪大世界总设计师崔师尧介绍，2023年哈尔滨冰雪大世界依托智能设备及控制系统，对园区内的冰建景观灯光效果进行升级，首次搭建“5G户外照明管理云平台”，实现了对全部冰建景观照明设施的远程监控、智能控制和数据分析。以往，每一个景观都要手动开启电闸。科技赋能下，设计师可以从电脑端或移动端App实时、定时控制景观灯光效果的变化，实现整个园区冰建景观的灯光联动。冰雪大世界通过数字化手段，如3DMapping技术和数字新媒体，打造沉浸式冰雪体验，如“龙腾之韵光影秀”和“雪映流光投影秀”，这些数字化展示增强了游客的体验感，也提升了城市的文化吸引力和旅游魅力。

冰雪旅游大大带动了冰城经济发展，2023年哈尔滨实现社会消费品零售总额2 384亿元，增长8.6%，高于全省0.5个百分点。旅游

---

① 哈尔滨市人民政府.2024哈尔滨市政府工作报告［R/OL］.［2024-09-17］. https：//www.harbin.gov.cn/haerbin/c104564/202402/c01_967895.shtml.

业带动了哈尔滨的住宿、餐饮业销售收入激增，同比增长129.4%[①]。2024年初，哈尔滨地区排名第一的热搜词是“洗浴”，搜索量比上年增长375.5%，洗浴交易额比上年增长404.6%，订单量同比增速324.1%，交易用户数同比增速331.1%。手套的销量同比增长172.18%，999感冒灵颗粒是百货类外卖销量第三，冻梨销量同比增速226.99%[②]。这对最近几年经济增长疲软的哈尔滨和整个东北经济都有积极的推动作用，哈尔滨旅游爆火热度甚至延伸到了整个东北。2024年1月8日，东北相关旅游股长白山（603099.SH）收盘价为24.12元/股，而在2023年最后一个交易日收盘价为14.98元/股，新年第一周涨幅就达61%。

### 2.4.3 精神层面高质量发展解析

哈尔滨文旅产业以其独特的地理和文化背景，展现出文旅融合的多元魅力，连续7年位列冰雪旅游十佳城市榜首。城市底蕴充分彰显。哈尔滨通过举办冰雪美食节、冰雪博览会、上合组织冰雪体育系列活动等冰雪节庆活动，让冰雪文化更具活力。此外，哈尔滨还邀请了鄂伦春族、鄂温克族、赫哲族等少数民族群众参与冰雪节庆活动，他们身着传统服饰，展示民族舞蹈和音乐，让游客在欣赏冰雪艺术的同时，也能感受到丰富多彩的民族文化。2023年，哈尔滨成功举办哈洽会、哈夏音乐会、哈尔滨国际马拉松和首届东北亚文博会、音博会，作为中国首个申办城市获得第20届世界萨克斯管大会举办权。中央大街、中华巴洛克、太阳岛风景区分别获评“全国示范步行街”“旅游休闲街区”“夜间文化和旅游消费集聚区”。哈尔滨案例充分体

---

① 哈尔滨市人民政府.2023年哈尔滨市国民经济和社会发展统计公报［R/OL］.［2024-09-17］.https：//www.harbin.gov.cn/haerbin/c104569/202407/c01_997199.shtml.

② 央广网.一线观察丨出圈的哈尔滨有多火？搓澡阿姨：搓得“直冒火星子”！［EB/OL］.［2024-09-17］.https：//baijiahao.baidu.com/s?id=1787240095210880254&wfr=spider&for=pc.

现出文旅发展的关键在于运用好已有的资源和优势，以更开阔的视野看待自身特点，通过规范化设计和管理，构筑持久且独特的硬实力。

在哈尔滨这片美丽的土地上，白山黑水孕育了丰富的自然资源，哈尔滨以绿色发展为导向，让“绿水青山就是金山银山，冰天雪地也是金山银山”，让“金山银山”不仅仅是物质财富的象征，更是生态文明的重要体现。哈尔滨在旅游发展规划中注重生态环境保护，实施可持续的旅游管理，确保冰雪资源的合理利用和生态环境的保护。例如推广雪地徒步、滑雪等环保活动，减少对环境的负担；加强对滑雪场、冰雪景区及周边自然环境的保护，推行生态修复项目，减少旅游活动对自然环境的影响。当地文旅企业也一直贯彻可持续发展理念，松雷集团董事长、“何所有”品牌创始人曾庆荣探索运用“文化创意+商业”的新模式重塑消费新动能、新场景、新服务，依托黑土绿色食品，以及非遗民俗、欧陆风情等地域文化，创意研发推出“何所有哈尔滨礼物”，研发“何所有玉米说”系列饮品，深受游客喜爱。

哈尔滨持续改善和优化人才环境，营造重才敬才爱才的社会氛围，推出《人才新政30条》，旨在促进高校毕业生留哈安心安业，为城市的持续发展提供坚实的人才支撑。2023年，哈尔滨吸引省内高校毕业生4.3万人在哈就业，创历史新高。随着优秀人才的引入，哈尔滨文旅产业的发展更具竞争力，优秀的人才通过文化创意、活动策划等途径，增强了哈尔滨作为文旅目的地的知名度，吸引了更多的游客和投资。

### 2.4.4 社会层面高质量发展解析

哈尔滨市委、市政府坚持以游客满意为导向，优化服务工作机制，虚心做市场的服务员、勤务员，带头布局完善基础设施建设与规章制度建设，并且通过政府自有媒体矩阵和央视、新华网等媒体，向大众展示最核心的城市品牌形象，让观众感受到更具微观特色的旅游体验。2023年底哈尔滨冰雪大世界开园日旅客过多导致体验感不佳，引发了一场舆论危机，冰雪大世界和哈尔滨市政府迅速发布道歉信和倡议信，不仅快速解决问题，还展示了城市温情，并以此开启了“哈尔滨热火朝天的冬季”的序幕。马迭尔集团在哈尔滨冰雪旅游中的关键作用值得关注，该集团是依托“百年老字号”马迭尔宾馆，于1993年经市经体委批准改制，隶属于哈尔滨市国资委的现代企业集团。该集团的成立标志着哈尔滨市文旅资源的战略性重组和市场化整合。多年来马迭尔集团通过混合所有制改革和市场化运营，现已形成旅游开发、文化传播、酒店管理、特色餐饮、食品加工五大产业布局。马迭尔文旅投资集团负责整体运营，具体包括冰雪大世界、雪博会、索菲亚教堂等热门景区，通过整合和创新，提升了文旅产品和服务的质量，满足了游客的多样化需求。

2024年初冰雪旅游爆火期间，哈尔滨政府通过与企业和本地居民携手，共同努力，致力于提升城市的旅游品牌和服务水平。哈尔滨市委市政府倡议全市沿街机关企事业单位、商户主动开放，为游客提供临时休息取暖、行李箱暂存、共享洗手间等帮助；按照“应设尽设”原则，设置免费停车、绿色停车泊位或区域，缓解自驾游客停车难问题。在政府组织下，哈尔滨市千万市民群众自觉成为城市形象代言人，以真诚热情的暖心之举促成哈尔滨火爆出圈。哈尔滨市民的自发行动，如开着私家车免费接送外地游客，以及在社交媒体上的积极宣传，都为城市的旅游热潮贡献了力量。为了怕冻着南方“小土豆”，哈尔滨四处搞防寒屋和篝火晚会，冰场还有185东北帅哥倒糖水、体院男生教滑冰。他们的这些举动，不仅展现了哈尔滨人民的热情好客，也成为了城市形象的一部分，让哈尔滨在旅游市场中获得了良好的口碑。此外，市政府积极提醒宾馆酒店从业者把握旅游品牌建设的机遇，提升服务质量，同时避免不合理的调价行为。对于损害消费者权益的行为，如过高的菜品价格或乘车被“宰”等问题，哈尔滨相关部门迅速采取行动，进行处理和封停，展现了对市场监管的坚决态度。

第3章

# 文旅产业高质量发展的促进机制

文旅产业的高质量发展需要政府、企业、社会共同参与促进。文旅产业物质层面的高质量发展会受到消费升级需求、多元投资渠道以及资源配置效率的影响；文旅产业精神层面的高质量发展会受到政府管理体系以及社会文化氛围的影响；文旅产业社会层面的高质量发展会受到市场主体活力、社区参与机制以及对外合作水平的影响。文旅产业高质量发展的促进机制框架如图3-1所示。

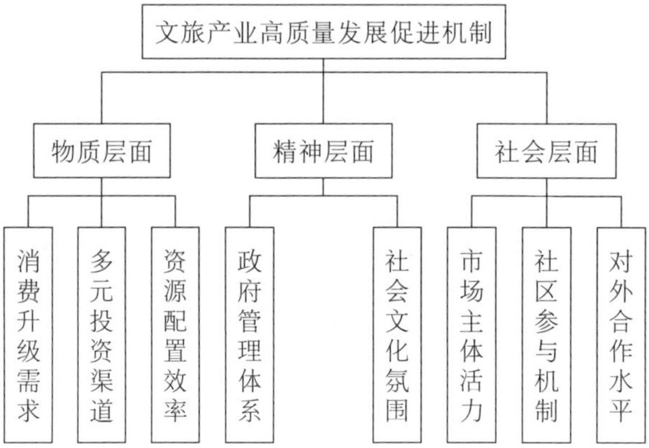


**图3-1 文旅产业高质量发展的促进机制框架**

资料来源：根据相关资料整理。

## 3.1 文旅产业物质层面高质量发展的促进机制

### 3.1.1 消费升级需求的影响

2023年，中国国内生产总值（GDP）为126.06万亿元，人均GDP为8.94万元/人；全国人均可支配收入为3.92万元/人，其中城镇居民人均可支配收入为5.18万元/人，农村居民人均可支配收入为2.17万元/人[①]。对比10年前的统计数据，2013年，中国国内生产总

① 国家统计局.2023年国民经济和社会发展统计公报［R/OL］.［2024-09-25］. https：//www.stats.gov.cn/sj/zxfb/202402/t20240228_1947915.html.

值（GDP）为56.88万亿元，人均GDP为4.35万元/人；全国人均可支配收入为1.83万元/人，其中城镇居民人均可支配收入为2.65万元/人，农村居民人均可支配收入为0.94万元/人[①]，可见2023年经济数据指标比10年前增长了1倍以上。随着城乡居民经济收入的不断增加以及生活水平的不断提高，中国老百姓的消费需求也在逐渐升级，尤其是对高品质文旅产品的消费需求，呈现出一些新的特点和趋势。

从消费主体看，具有更强消费意愿和能力的中产阶层、伴随移动互联技术成长的Z世代年轻人（通常指1995—2009年出生的一代人）以及60后的老年群体是驱动文旅行业品质升级的关键力量。从消费态度看，由于文旅产业供给的日渐丰富，消费者的消费观念也更加理性，廉价低质的产品越来越没有市场，奢华高价的产品也很难成为社会主流。消费者更加关注文旅产品的质价比，寻求小城游、县城游、乡村游、市井游等平替热门旅游目的地和产品成为一种潮流。从消费偏好看，消费者的需求更加多元和个性，旅游消费需求持续演化，不断推进文旅产业对接市场新需求、新潜力，不断拓宽文旅消费边界，开发出基于多业态跨界融合的消费场景。例如长春市“这有山”作为新兴的文旅商业综合体，将山搬进商场，酒店、影院、文创店、小吃街、书店、咖啡馆、茶社、话剧院等场景穿插排布在山中，沿途亭台楼阁、石子铺路、街巷庭院、山石林立，别有一番雅趣与韵味，成为长春著名的网红打卡地。

### 3.1.2 多元投资渠道的影响

文旅产业的高质量发展离不开对重点文旅项目的大规模投资，迈点研究院统计数据显示：2023年度全国代表性文旅集团合计签约投

---

① 国家统计局.2013年国民经济和社会发展统计公报［R/OL］.［2024-09-25］. https://www.stats.gov.cn/xxgk/sjfb/tjgb2020/201407/t20140718_1768637.html.

资重大文旅项目143个，其中公布投资金额的94个项目合计投资额约达2 970亿元，项目投资金额达百亿以上的有6个。文旅产业投资规模不断增大，并形成了以政府投资为引导、社会投资为主体的多元化投资渠道。截至2023年，我国已有超过75只政府引导型旅游投资基金，累计金额超过1 000亿元（宋昌耀、顾嘉倩，2024）。政策层面，国家和地方政府、文旅部门高度重视文旅产业投融资工作，如2023年国务院和文旅部相继出台《国务院关于推进普惠金融高质量发展的实施意见》《关于释放旅游消费潜力推动旅游业高质量发展的若干措施的通知》等支持政策，加大政府引导基金、银行信贷对文旅项目的投资力度。2024年国家发改委出台《关于全面推动基础设施领域不动产投资信托基金（REITs）项目常态化发行的通知》，文旅基础设施REITs从5A级景区扩展到4A级景区及配套酒店，以补充文旅项目资产证券化的融资渠道。

### 3.1.3 资源配置效率的影响

多元化的投资渠道和大规模的投资资金，为文旅产业注入活力的同时，也难免会导致盲目投资、回报率低、只关注规模不关注质量、融投错位等问题（王笑宇，2021）。曲江文旅2024年上半年年报显示，该上市公司实现营业收入7.7亿元，同比增长11.9%；但净利润却为-1.87亿元。曲江文旅的主营业务是景区运营，管理着大唐芙蓉园、曲江海洋公园、大雁塔景区等多个西安热门景区，但并未投资建设这些景区，因此对这些景区不具有所有权，主要靠收取景区的管理费用形成主营收入。曲江文旅的亏损一方面与实际控制人曲江新区管委会下属事业单位的应收账款逾期偿还有关，一方面也与企业经营中没有更好地控制成本、提高投资回报率有关。以大唐不夜城为例，2024年上半年实现营业收入3 938.3万元，净利润却仅为23.53万元。

因此，文旅产业要实现高质量、可持续发展，不仅要重视文旅项目前期投资，合理设计产权结构，同时也要重视文旅项目后期的运营和资源配置效率。资源配置是指资源在不同时间阶段、空间区域和用途之间的合理分配，旨在平衡市场需求的无限性与资源短缺之间的矛盾（楼嘉军，2001）。旅游资源配置的高效率会促进文旅产业健康发展（饶品样、李树民，2008），如旅游用地的开发要兼顾开发与保护的原则，否则过度开发就会造成超负荷开发水系、占用耕地、破坏生态保护区环境等问题。乌镇秉承“以保护历史遗产来开发旅游”的发展理念，在全国首创“管线地埋”等景区高标准建设保护开发模式，实行旅游资源整体产权开发，发挥核心景点的带动效应，西栅（乌村）培育高端业态，与东栅中端业态错位发展，并将互联网、红色、戏剧等新元素融入旅游。宁夏大武口区在文旅资源配置中，注重文化元素的融合与创新，打造具有地方特色的文旅产品，如通过整合工业遗产与文旅产业，开发了大武口工业遗址公园、石炭井工业文旅影视小镇等旅游新地标，增强了旅游产品的文化价值和吸引力，激发了文旅多元市场主体活力以推进文旅产业高质量发展。

## 3.2 文旅产业精神层面高质量发展的促进机制

### 3.2.1 政府管理体系的影响

完善且高效的政府管理体系是文旅产业高质量发展，尤其是在精神层面高质量发展的有力保障。政府管理体系需要在政策制定、舆论宣传、监管机制等多方面规范和监督文旅产业的健康发展。首先，政府部门的政策制定能够为产业发展和企业实践提供指导，因地制宜、及时有效的政策体系能够发挥“风向标”的作用。黄锐等（2021）梳理了2009—2018年文旅产业相关政策，通过建立计量经济模型，发现政策力度与文旅产业发展规模、收益水平和投资建设水平存在长期均衡关系。张应武和郑雪梅（2023）实证分析过境免签政策的入境旅游效应及其机制，发现过境免签政策对城市入境旅游人数和外汇收入均有促进效应，对于旅游资源、服务接待能力、地区经济活力、目的地品牌和货物贸易水平等基础性或配套性条件不足的城市发展尤为重要。其次，政府部门的舆论宣传导向也会对文旅产业的供给和需求产生引导作用，例如对于中华优秀传统文化的大力宣传，推进文化自信自强，让年轻人爱上具有中国美学的“国潮生活”，大家纷纷涌入故宫博物院、三星堆博物馆、马王堆博物馆，与文物展开跨越时空的对话。汲取中华传统文化养分和爱国主义精神、民族精神的影视作品也越来越受中国老百姓的喜爱，电影《长津湖》创造了中国影史票房纪录，达到57.75亿元人民币。最后，从行业监管与市场秩序层面来看，法律法规的完善和执行对于维护市场秩序、保障消费者权益至关重要。2013年10月1日《中华人民共和国旅游法》的实施，标志着我国旅游业进入了全面依法兴旅、依法治旅的新阶段。之后全国各级文化和旅游主管部门、旅游行业完善了相关配套制度和工作机制，使得旅游市场更加规范有序。截至2023年末，文化和旅游国家标准、行业标准累计232项，其中国家标准36项，行业标准196项[①]，这些标准涵盖了旅游、图书馆、网络文化、动漫等多个领域。

### 3.2.2 社会文化氛围的影响

随着越来越多的人追求文化体验，社会的整体文化认同感和多样性也在不断增强，人们的消费方式逐渐从物质消费转向文化消费，进入了

① 文化和旅游部.2023年文化和旅游发展统计公报［R/OL］.［2024-09-25］. https：//zwgk.mct.gov.cn/zfxxgkml/tjxx/202408/t20240830_954981.html.

后消费时代（向勇，2024）。这种文化消费的转变不仅丰富了旅游的内涵，也促进了不同文化之间的交流与融合，提升了社会的文化素养和创造力。在此背景下，旅游者对旅游地的体验不仅赋予了这些地方独特的意义，也使文化体验成为旅游活动中的关键环节。旅游地的文化氛围会显著影响旅游者的感受和行为，同时也对旅游地的发展产生重要影响（Jepson and Sharpley，2015）。旅游者在旅游过程中常常会重新审视自己的旅游理念和价值观，这种变化不仅影响了个人的消费行为，也对区域和国家的文化变迁与融合产生了重要作用，进而影响了社会的整体文化氛围（刘敏，2009）。全社会文化氛围的提升有助于增强文化认同感和形成正确的价值观，这不仅体现在对本土文化的热爱和传承上，还体现在将丰富的文化资源转化为文旅产品的能力上。翟洲燕等（2023）采用内容分析法，通过识别与提取旅游短视频中乡土文化景观基因及其乡土文化意象的表达，分析短视频作为移动互联时代的新媒介，如何通过不同的拍摄手法、不同的景观呈现方式为受众营造出一幅完整、生动的中国乡村生活图景，从而引发强烈的精神共鸣与情感认同。戴靖怡等（2023）选取黄河国家文化公园标志性自然景观景区——壶口瀑布（宜川段）和黄河口景区为案例地，发掘旅游者对自然景观的文化认同生成过程，为国家文化公园建设中重视唤起民众对文化遗产的保护意识，以及对中华文明和中国精神的认同感提供借鉴。

## 3.3 文旅产业社会层面高质量发展的促进机制

### 3.3.1 市场主体活力的影响

文旅企业作为市场主体，在中国文旅产业发展中起到重要作用，充满活力的市场主体是带动文旅市场创新的积极力量。近年来，文旅市场中的许多新业态、新场景、新技术、新服务大都从企业实践中产生；各类文旅企业也是吸纳就业的稳定器，2023年末，全国通过统计直报系统报送和审核的文化市场经营单位17.5万家，从业人员117.7万人，全国共有A级景区15 721个，直接从业人员160.7万人[①]。不过长期以来，政府是文旅产业发展的主要推动力量，和发达国家相比，我国旅游企业普遍规模偏小、质量不优、实力不强、影响力弱（张树民，2021）。《“十四五”文化和旅游发展规划》中明确提出，要完善文化和旅游市场准入和退出机制，激发各类市场主体活力，持续扩大市场主体规模；尊重企业主体地位，加强政策引导，改善营商环境，培育骨干文化和旅游企业，支持中小微企业专业化特色化发展；支持企业孵化器、众创空间、互联网创业和交易平台等载体建设；鼓励有条件的地方建设区域文化和旅游企业综合服务中心，为企业发展提供服务。

### 3.3.2 社区参与机制的影响

实现文旅产业高质量发展，应该满足各方利益需求，关注居民在旅游发展中的公平性问题（朱尧等，2022），避免旅游地的居民、地方政府和游客等多方在环境保护、营利、资源开发以及房屋改造等方面发生冲突（Wang and Yotsumoto，2019）。社区参与机制能够有效增强本地居民的归属感与参与感，同时居民的参与可以使文旅项目更加符合当地文化特色及居民的期望。近年来，上海、广州、武汉等城市的政府和文旅企业联合开展“社区文化节”，为繁荣当地文化提供了展示平台，社区居民作为地方文化的传播者和实践者可以让游客更深入地了解当地文化，这种“居民导游”的模式有效提升了游客体验价

---

① 文化和旅游部.2023年文化和旅游发展统计公报［R/OL］.［2024-09-25］. https：//zwgk.mct.gov.cn/zfxxgkml/tjxx/202408/t20240830_954981.html.

值。郭安禧等（2020）通过对平遥古城社区居民的调查，发现提高社区满意和社区认同可以有效促进居民支持旅游开发，旅游地发展不仅要追求经济效益，还要发挥其社会功能。张凌媛和吴志才（2021）认为乡村旅游社区主体不应再局限于政府、社区居民、企业三维结构，草根精英、乡贤等社区能人，理事会、老人会等自愿性社团，高校、研究院等智库专家力量均对乡村旅游发展及社区治理有不可或缺的作用。

### 3.3.3 对外合作水平的影响

深化对外文化和旅游的交流与合作，不断创新交流合作的机制、内容和方式，有助于持续提升中国文化、中国精神、中国价值的国际认同，提高国家文化软实力。根据中国领事服务网统计，截至2024年5月，中国已跟157个国家缔结互免签证协定，同44个国家达成简化签证手续协定或安排，同23个国家实现全面互免签证。此外，还有60多个国家和地区给予中国公民免签或落地签待遇，中国公民“说走就走”的旅行更加便捷。2023年，国内居民出境超过1亿人次，其中因私出境9 684万人次，赴港澳台出境7 704万人次。在入境游方面，不断便利的免签政策，吸引越来越多的外国人到中国旅游。截至2023年12月，我国共对54个国家实行72小时/144小时过境免签政策。国家移民管理局数据显示，2024年上半年全国各口岸入境外国人1 463.5万人次，同比增长152.7%。其中通过免签入境854.2万人次，占比52%，同比增长190.1%。入境游市场的升温，也为中国文旅企业的高质量发展提出了新的要求，一些酒店、景区纷纷招聘会小语种的员工、配备外币POS机等设备为外国人提供更便利的服务，一些免税店引入“国潮”商品，让外国游客更便于了解和购买中国本土优质品牌，为国货消费创造更多机会。

## 3.4 经济政策不确定性对文旅企业投资行为的影响[①]

### 3.4.1 研究问题

随着经济全球化的深入发展，世界各个经济体之间的联结愈发紧密，经济波动的影响也愈加显著。以2020年突如其来的新冠疫情为例，其对全球经济造成了严重打击，高敏感性的文旅产业对此次危机的反应最为强烈，甚至一度被按下暂停键。2020年，WTTC公布的数据显示，新冠疫情使全球旅游业损失近4.5万亿美元，全球旅游业失业人数高达6 200万人次，此次疫情造成的损失是2008年全球金融危机的18倍。为了应对此次危机，保障文旅行业发展，我国政府充分发挥社会主义市场经济体制的优势，国家与地方政府积极出台土地、税收、财政等相关政策以支持文旅行业应对发展困局。财政部和国家税务总局联合发布《关于支持新型冠状病毒感染的肺炎疫情防控有关税收政策的公告》，致力于将受疫情影响较大的文旅企业发生的亏损结转延长5到8年。此外，文化和旅游部也相继出台了《关于用好货币政策工具做好中小微文化和旅游企业帮扶工作的通知》《关于暂退部分旅游服务质量保证金支持旅行社应对经营困难的通知》等一系列政策以解决文旅企业面临的资金困难问题。从短期来看，相关政策取得了一定的成果，有效减轻了外部宏观经济波动对于文旅企业发展的压力；但是，从长期来看，频繁变更经济政策，必然会造成经济政策不确定指数的上升，而其对宏观经济环境、微观企业行为的影响尚不明确。因此，探讨经济政策不确定性与企业战略决策之间的关系是非

① 本书作者研究团队成果。节选自高鹏丽.经济政策不确定性对文旅企业投资行为的影响——轻资产运营与业务多元化的调节效应［D］.大连：东北财经大学，2022.

常有必要的（龚光明、孟澌，2012）。

投资作为企业实现资本扩张的重要手段之一，一直以来都是学者们关注的重点。关于经济政策不确定性与企业投资行为的研究成果颇丰，李金羽和杨墨竹（2015）认为经济政策不确定性上升会显著降低企业投资水平，尤其在2008年以后这种影响更为显著；李增福等（2022）、刘贯春和叶永卫（2022）从信贷供给角度出发，研究了经济政策不确定性对于企业信贷行为的抑制作用，信贷的减少进而导致企业投资行为减少；胡刘芬和修宗峰（2023）基于同伴效应，认为经济政策不确定性会加剧企业的效仿投资行为，从而影响企业投资决策；雷新途和姜君如（2024）得出结论，经济政策不确定性会导致企业减少对于专用性资产的投资。Gulen和Ion（2016）的研究发现经济政策不确定性会对所有上市公司的投资行为产生影响，而这种影响存在着强烈的行业异质性。环境不确定如何影响文旅企业的投资行为，现有研究尚未有定论。因此，本书选择中国A股文旅上市公司作为研究对象，结合文旅产业特性，探究经济政策不确定性对文旅企业投资行为的影响。

### 3.4.2 研究假设

1）经济政策不确定性与文旅企业投资行为

为了准确识别二者关系，应从三个方面考察：首先，要从文旅行业的综合性特点出发。文旅活动涵盖餐饮、住宿、交通、文化等多个领域，文旅投资范围广、资金投入大，同时相当一部分文旅投资集中在专用性极强的固定资产之上，使得文旅投资的投资周期长、回报率低，以至于企业投资承担着极大风险。加之文旅行业自身的脆弱性与敏感性，极易受季节变化、社会稳定、政治环境、人文环境等因素的影响，宏观环境的突发变化往往会对其造成严重冲击。因此，基于理性分析，文旅企业往往缺乏强烈的投资动机。尤其对于我国的特殊国情而言，文旅企业一直以来很大程度上依赖政府政策的扶持与指引进行发展与投资，外部宏观环境的不稳定性增强，政府经济政策随之不断改变，政策的频繁变动增加了企业投资的风险，从而对文旅企业投资产生影响。其次，融资约束也会限制文旅企业的投资行为。经济政策不确定性水平上升，势必会加剧企业与市场之间的信息不对称，使得投资者处于不利地位，从而使其对于企业投资持谨慎态度。银行、信托公司等金融机构，为了降低风险，对于信贷供给也会采取更加严格的审核，同时提高信贷成本。外部融资渠道受阻，融资成本上升，对于饱受严重融资约束的文旅企业来说更是雪上加霜，在风险上升的前提下，预期收益下降，大概率会降低文旅企业的投资意愿（雷新途、姜君如，2024；李增福等，2022；潘攀、邓超、邱煜，2020；才国伟、吴华强、徐信忠，2018）。最后，经济政策不确定性会促使文旅企业倾向于持有现金流。在外部环境不确定的前提下，企业为了应对潜在风险，往往倾向于增加企业的现金持有量，保持财务柔性是企业的首要选择（王义中、宋敏，2014；张成思、刘贯春，2018）。因此，当经济政策不确定性程度较高时，文旅企业倾向于降低对外投资水平。综上所述，提出以下假设：

假设 1：经济政策不确定性对文旅企业投资水平具有显著的负向影响。

2）业务多元化的调节效应

多元化经营是指企业为了更多地占领现有市场、开拓新市场，或规避经营单一事业的风险而选择性地进入新的事业领域的经营行为。根据企业各项业务的关联性，可将其分为相关多元化与非相关多元化。首先，采取多元化战略的企业，其经营业务分散，且各业务间的投资机会与现金流量各不相同，因此企业可以构建内部资本市场，并对企业资源与现金进行整合，在提高资源有效利用率的同时，减少企业现金流波动，降低企业陷入财务危机的风险，增强企业融资能力；同时，由于经营多元化业务的企业具有较稳定的现金流保障，因而也有较多的融资机会（王峰娟、邹存良，2009）。其次，文旅产业综合性、与广泛产业关联的特点，使文旅上市公司具有经营业务多元化的优势（段正梁、毕汝麦、危湘衡，2014）。相比于其他行业的企业，文旅产业由于其经营业务的多样性与综合性特点，更容易实现业务多元化，进而识别市场信息，及时捕捉到投资机会。综上所述，提出以下假设：

假设2：业务多元化能够缓解经济政策不确定性对文旅企业投资水平的负向影响。

本书的概念模型（经济政策不确定性对文旅企业投资行为影响的研究框架）如图3-2所示：

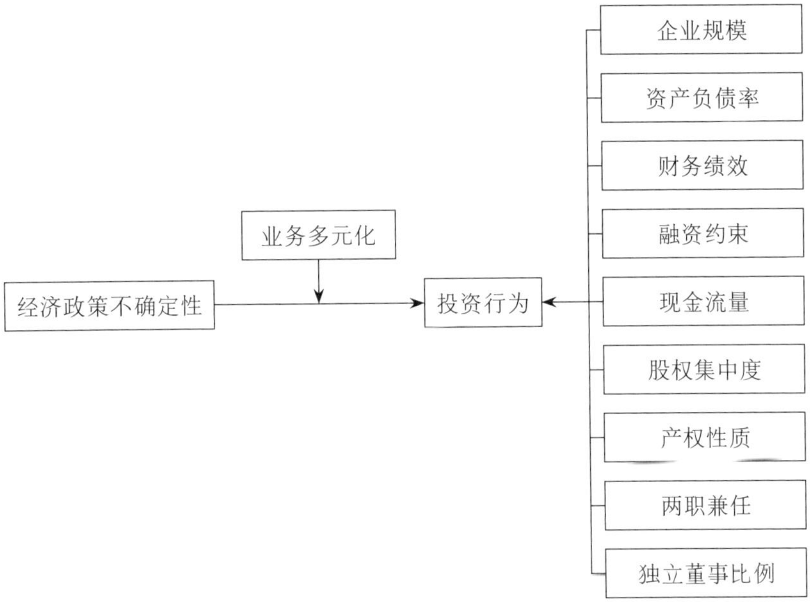


**图3-2　经济政策不确定性对文旅企业投资行为影响的研究框架**

资料来源：根据相关资料整理。

### 3.4.3 实证设计

1）研究对象及样本选择

本书通过东方财富网搜集到110家文旅上市公司的相关信息，分别归属于旅游酒店板块、航空机场板块和文化传媒板块，这些上市公司业务中，文化和旅游业务占比超过10%，并选择2004年—2021年作为样本时间范围。经过对样本的初步处理，本书共获得35家文旅上市公司的数据，其中包括18家旅游酒店上市公司，10家文化传媒上市公司的数据，7家航空机场上市公司。进一步剔除经过ST处理的样本年度，同时为了保障样本的完整性，剔除了于2004年之后上市的文旅企业，最终获得607个样本。

2）变量测量

（1）被解释变量

投资行为（*INV*）。借鉴李培功和肖铭（2012）、饶品贵等（2017）的数据分析，本书采用企业财务报表中现金流量表的“购建无形资产、固定资产和其他长期资产支付的现金”除以企业资产总量来分析文旅上市公司的投资行为。

（2）解释变量

经济政策不确定性指数（*EPU*）。本书的自变量采取Baker等（2016）基于《南华早报》开发编制的中国经济政策不确定性指数的处理方法（如图3-3所示）。中国经济政策不确定性指数的波动与基本事实符合，比如2008年指数波动较大是因为全球金融危机爆发，2011年经济政策不确定性指数波动较大是因为同年我国经济面临重大改革。由此可见该指数能较准确地反映中国经济政策变动的实际情况，表明该指数具有可靠性。

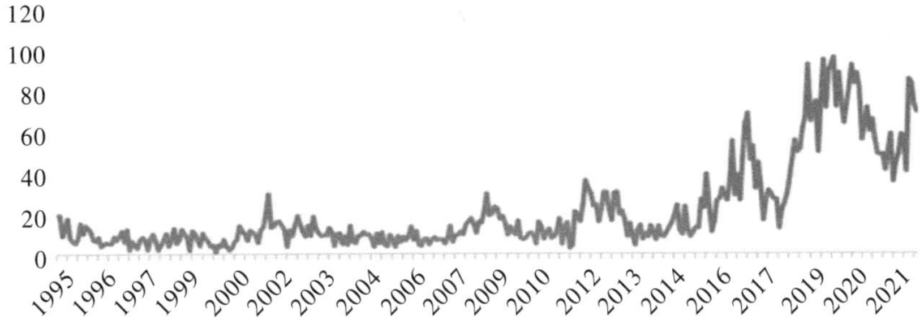


**图 3-3　中国经济政策不确定性指数**

资料来源：BAKER S R，BLOOM N，DAVIS S J et al. Newspaper-Based Uncertainty Indices for China [DS/OL]. [2024-09-30]. https://www.policyuncertainty.com/china_epu.html.

（3）调节变量

业务多元化程度（*DIV*）。本书对文旅企业的业务多元化程度的评估采用学术界广泛使用的泰尔熵指数和调整的赫芬达尔指数两种方式。

（4）控制变量

本书借鉴以往文献的研究发现，对影响企业投资行为的因素进行控制。企业投资行为不仅受到来自外部宏观环境以及企业所处市场环境的影响，同时还受到企业自身特点、财务表现等内部因素的影响。本书主要关注经济政策不确定性指数（*EPU*）这一宏观环境因素对文旅上市公司投资行为的影响，因此将从企业内部因素的角度来加入一系列控制变量，包括企业规模（*SIZE*）、企业资产收益率（*ROA*）、企业资产负债率（*LEV*）、企业财务绩效（*Tobin Q*）、融资约束（*FC*）、现金流量（*CASH*）、产权性质（*NPR*）、独立董事比例（*PID*）、两职兼任（*BP*）和股权集中度（*OC*）。文旅行业作为一个综合性产业，包含旅行社、旅游景区、酒店住宿、影视等多个细分行业，不同细分行业中的企业行为也存在明显差别，因此本书添加了行业类别（*Ind*）

虚拟变量与年度（*Year*）虚拟变量，来固定行业效应与年份效应。

3）模型设定

为了检验经济政策不确定性对文旅企业投资行为的影响，以及业务多样化程度对二者关系的调节作用，本书构建如下多元线性回归模型，变量的定义与说明见表3-1。

$$INV_{i,t} = \alpha_0 + \alpha_1 EPU_t + \gamma Controls_{i,t} + \sum Ind + \sum Year + \varepsilon_{i,t} \tag{1}$$

$$INV_{i,t} = \beta_0 + \beta_1 EPU_t + \beta_2 Ei_{i,t} + \beta_3 EPU_t \times Ei_{i,t} + \gamma Controls_{i,t} + \sum Ind + \sum Year + \varepsilon_{i,t} \tag{2}$$

表3-1　**经济政策不确定性对文旅企业投资行为影响变量的定义与说明**

| | 变量名称 | 变量符号 | 变量定义 |
|---|---|---|---|
| 被解释变量 | 企业投资 | *INV* | 购建无形资产、固定资产和其他长期资产支付的现金除以年初总资产计算 |
| 解释变量 | 经济政策不确定性指数 | *EPU* | Baker等人开发编制的中国经济政策不确定性指数 |
| 调节变量 | 业务多元化程度 | *DIV* | 泰尔熵指数：*Ei*=∑*pi ln*（*1/pi*），其中*pi*为公司第*i*项主营业务收入在总收入中的占比 |
| 控制变量 | 企业规模 | *SIZE* | 员工总人数 |
| | 资产收益率 | *ROA* | 净利润/总资产 |
| | 资产负债率 | *LEV* | 总负债/总资产 |
| | 财务绩效 | *Tobin Q* | 市值/总资产 |
| | 融资约束 | *FC* | 固定资产净值/总资产 |
| | 现金流量 | *CASH* | 经营活动产生的现金流量净额/总资产 |
| | 股权集中度 | *OC* | 企业前十大股东持股比例平方和 |
| | 产权性质 | *NPR* | 国有企业取1，否则取0 |
| | 两职兼任 | *BP* | 董事长与总经理兼任取1，否则取0 |
| | 独立董事比例 | *PID* | 独立董事人数/董事会总人数 |
| | 行业 | *Ind* | 行业固定效应 |
| | 年度 | *Year* | 年度固定效应 |

资料来源：根据相关资料整理。

模型（1）用来检验经济政策不确定性与文旅企业投资行为之间的关系；模型（2）在模型（1）的基础上增加了多元化程度对于投资行为的影响和多元化程度与经济政策不确定性指数的交乘项，此模型用来检验假设2。其中，$INV_{i,t}$代表文旅企业$i$在第$t$年的企业投资水平，$EPU_t$代表第$t$年的经济政策不确定性指数，$Ei_{i,t}$代表文旅企业$i$在第$t$年的业务多样化程度。$\varepsilon_{i,t}$为模型随机扰动项。$\alpha_0$和$\beta_0$为模型的截距项，$\alpha_1$和$\beta_1$代表经济政策不确定性对文旅企业投资行为的影响程度，$\beta_2$和$\beta_3$分别代表文旅企业业务多元化对于企业投资行为的直接影响和业务多元化程度对经济政策不确定性与企业投资行为二者关系的调节效应。

### 3.4.4 结果分析

1）描述性统计

变量的描述性统计结果见表3-2。企业投资水平的最大值为0.543，最小值为0，均值为0.06，表明所选文旅企业的投资程度差别较大，且整体投资水平偏低。经济政策不确定性指数的最大值为6.658，最小值为4.089，均值为5.169，表明在本书选取的样本范围内，经济政策不确定性程度波动较大，政府在不同年度里频繁地推出经济政策。用来衡量业务多元化程度的泰尔熵指数的最大值为1.698，最小值为0，表明所选样本企业的业务多元化程度差异较大，部分企业坚持专业化经营；泰尔熵指数的标准差为0.452，均值为0.610。

控制变量方面，研究样本企业间规模存在较大差异，最大值为11.551，最小值为2.773，这是因为本书选择的样本不仅涉及以劳动密集型为特点的旅行社、酒店等行业，还包括影视、文化传媒等文化业。从企业的财务绩效、现金流量、资产收益率等几个财务数据的描述性统计数据可以看出，企业财务数据波动较大，且多家企业资产、现金存量出现负值，表明宏观经济政策的频繁变动对文旅企业的财务表现具有较大影响。产权性质的均值为0.890，标准差为0.314，表明本书的样本企业中，国有企业占比较大，这一数据结果符合我国当前文旅企业的产权性质特点，即我国民营文旅企业数量占比较少，国有文旅企业数量占比较大。

表3-2 **经济政策不确定性对文旅企业投资行为影响的描述性统计**

| 变量 | 符号 | 均值 | 标准差 | 最大值 | 最小值 | 样本量 |
|---|---|---|---|---|---|---|
| 投资行为 | *INV* | 0.060 | 0.066 | 0.543 | 0 | 607 |
| 经济政策不确定性指数 | *EPU* | 5.169 | 0.766 | 6.658 | 4.089 | 607 |
| 业务多元化程度 | *DIV* | 0.610 | 0.452 | 1.698 | 0 | 607 |
| 企业规模 | *SIZE* | 7.667 | 1.494 | 11.551 | 2.773 | 607 |
| 资产收益率 | *ROA* | 0.021 | 0.095 | 0.699 | −0.869 | 607 |
| 资产负债率 | *LEV* | 0.405 | 0.240 | 1.374 | 0 | 607 |
| 财务绩效 | *Tobin Q* | 1.731 | 1.334 | 10.803 | −0.404 | 607 |
| 融资约束 | *FC* | 0.365 | 0.425 | 8.692 | 0 | 607 |
| 现金流量 | *CASH* | 0.067 | 0.077 | 0.684 | −0.274 | 607 |
| 独立董事比例 | *PID* | 0.364 | 0.059 | 0.667 | 0.222 | 607 |
| 产权性质 | *NPR* | 0.890 | 0.314 | 1 | 0 | 607 |
| 两职兼任 | *BP* | 0.094 | 0.292 | 1 | 0 | 607 |
| 股权集中度 | *OC* | 0.199 | 0.128 | 0.654 | 0.011 | 607 |

资料来源：根据相关资料整理。

2）主效应回归结果分析

经济政策不确定性与文旅企业投资行为的回归结果如下：本书首先针对模型（1）进行回归，回归结果见表3-3中的行（1）与行（2）。行（1）只对控制变量与因变量进行了回归，对于其他变量没有进行回归。结果表明企业规模、资产收益率、现金流量以及企业财务绩效都跟企业投资行为呈现正向关系，与前文中对该部分变量间的设想一致，验证了本书所选控制变量的合理性。行（2）结果表明，经济政策不确定性与文旅企业投资行为的普通最小二乘估计回归系数为-0.046，且经济政策不确定性的回归系数在1%水平上显著，假设1得到验证。

表3-3　　　　**主效应回归**

| VARIABLES | | *EPU* | *SIZE* | *ROA* | *Tobin Q* | *FC* |
|---|---|---|---|---|---|---|
| (1) | *INV* | | 0.007* | 0.030 | 0.004* | -0.008 |
| | | | (1.850) | (1.036) | (1.684) | (-1.250) |
| (2) | *INV* | -0.046*** | 0.007* | 0.030 | 0.004* | -0.008 |
| | | (-1.30) | (1.850) | (1.036) | (1.684) | (-1.250) |
| VARIABLES | | *CASH* | *OC* | *PID* | *NPR* | *BP* |
| (1) | *INV* | 0.036 | 0.001 | -0.090* | -0.051*** | -0.028** |
| | | (0.990) | (0.013) | (-1.817) | (-3.292) | (-2.505) |
| (2) | *INV* | 0.036 | 0.001 | -0.090* | -0.051*** | -0.028** |
| | | (0.990) | (0.013) | (-1.817) | (-3.292) | (-2.505) |
| VARIABLES | | 常数项 | *YEAR* | *IND* | *Prob > F* | $R^2$ |
| (1) | *INV* | 0.106*** | 是 | 是 | 0.000 | 0.151 |
| | | (3.205) | | | | |
| (2) | *INV* | 0.307*** | 是 | 是 | 0.000 | 0.151 |
| | | (4.826) | | | | |
| *** p<0.01，** p<0.05，* p<0.1 | | | | | | |

资料来源：根据相关资料整理。

3）调节效应回归结果分析

本书利用模型（2）对假设2进行检验，检验业务多元化对经济政策不确定性与文旅企业投资行为的调节效应，结果见表3-4。表3-4行（1）检验了经济政策不确定性与业务多样化程度以及企业投资行为之间的关系，回归结果表明，经济政策不确定性指数的回归系数为-0.046，业务多元化程度的回归系数为-0.002，表明文旅企业的业务多元化程度与企业投资行为具有负向相关关系，但这一回归结果并不显著。表3-4行（2）检验了经济政策不确定性指数与业务多元化程度的乘积项对文旅企业投资行为的影响。回归结果显示，经济政策不确定性指数与业务多元化程度的乘积项的回归系数为0.016，且在5%的水平上显著，表明业务多元化一定程度上可以分散企业投资风险，提高企业投资意愿，从而可以抵消经济政策不确定性水平上升对文旅企业投资带来的消极作用，故假设2得到验证。

表3-4 **调节效应回归**

| VARIABLES | | *EPU* | *DIV* | *EPU*Ei* | *SIZE* | *ROA* | *LEV* |
|---|---|---|---|---|---|---|---|
| （1） | *INV* | −0.046*** | −0.002 | | 0.007* | 0.037 | 0.014 |
| | | (−3.804) | (−0.251) | | (1.796) | (1.229) | (0.861) |
| （2） | INV | −0.056*** | −0.085** | 0.016** | 0.007* | 0.030 | 0.015 |
| | | (−4.362) | (−2.241) | (2.248) | (1.862) | (1.007) | (0.887) |
| VARIABLES | | *Tobin Q* | *FC* | *CASH* | *OC* | *PID* | *NPR* |
| （1） | *INV* | 0.005* | −0.008 | 0.037 | 0.003 | −0.092* | −0.052*** |
| | | (1.807) | (−1.258) | (0.991) | (0.072) | (−1.835) | (−3.352) |
| （2） | *INV* | 0.005** | −0.008 | 0.037 | 0.001 | −0.091* | −0.058*** |
| | | (1.969) | (−1.245) | (0.999) | (0.018) | (−1.841) | (−3.653) |
| VARIABLES | | *BP* | 常数项 | *YEAR* | *IND* | *Prob>F* | $R^2$ |
| （1） | *INV* | −0.027** | 0.309*** | 是 | 是 | 0.000 | 0.153 |
| | | (−2.396) | (4.852) | | | | |
| （2） | *INV* | −0.027** | 0.363*** | 是 | 是 | 0.000 | 0.161 |
| | | (−2.416) | (5.326) | | | | |
| ***p<0.01", "**p<0.05", "*p<0.1 | | | | | | | |

资料来源：根据相关资料整理。

4）产权性质异质性分析

企业的产权性质不同，在投融资行为、风险抵御能力、公司治理等方面都存在较大差异。从企业融资约束的角度看，相比于民营企业，国有企业与政府联系更密切，更容易获得信息，同时在与金融机构合作时遇到的障碍也更小，更容易获得资金支持。外部宏观环境不确定性程度较高时，国有企业更容易获得来自政府的补贴与资助。此外，国有企业的规模相对较大，当经济政策波动较大时，国有企业受到的融资约束较小。因此，相比于中小规模的民营企业而言，国有企业的经营活动更加稳定，其投资行为受外部环境影响较小。为了探究产权性质对经济政策不确定性与企业投资行为的异质性差异，本书引入产权性质这一虚拟变量来进一步分析，当企业产权为国有企业时取1，否则取0。

表3-5的行（1）和行（2）分别表示国有企业和民营企业，从回归结果中可以看出经济政策不确定性与企业投资行为之间的关系。表中数据显示，国有企业的经济政策不确定性回归系数为-0.042，民营企业的经济政策不确定性回归系数为-0.057，数据表明经济政策不确定性对国有企业和民营企业都具有负向影响，但是对于民营企业的影响不显著。出现这一现象的原因可能是，首先，因为国有企业与政府联系密切，使国有企业拥有民营企业不具备的社会资本与声誉，因而国有企业更偏爱从银行等信贷机构获得融资。但是当外部宏观环境不稳定时，银行信贷供给减少，信贷成本上升，将银行信贷作为重要融资来源的国有企业受到的冲击会更加明显。相比之下，民营企业因为自身产权性质的原因，获银行支持较少，对银行的依赖性小，因此更依赖于其他非银行融资渠道，因此对于银行信贷成本上升导致的融资约束加剧反应较小。其次，民营企业本身就面临严重的融资约束，其资金有限，投资相对于国有企业更加谨慎，投资规模也相对较小，因此，对外部经济政策变化反应不太敏感。最后，民营企业相较于国有企业，其管理更加灵活，对于市场变化具有较强的适应能力，这可能也是回归结果不显著的重要原因。

表3-5　　　　　　　　　　**异质性回归分析**

| VARIABLES | | *EPU* | *SIZE* | *ROA* | *LEV* | *Tobin Q* | *FC* |
|---|---|---|---|---|---|---|---|
| (1) | *INV* | −0.042*** | 0.001 | 0.136*** | 0.015 | 0.004 | −0.003 |
| | | (−3.36) | (0.10) | (2.79) | (1.14) | (1.39) | (−0.47) |
| (2) | *INV* | −0.057 | −0.001 | 0.040 | 0.072 | 0.004 | −0.049 |
| | | (−1.30) | (−0.05) | (0.58) | (1.50) | (0.50) | (−0.53) |
| VARIABLES | | *CASH* | *OC* | *PID* | *BP* | 常数项 | *YEAR* |
| (1) | *INV* | 0.042 | −0.045* | 0.016 | −0.026*** | 0.230*** | 是 |
| | | (0.91) | (−1.65) | (0.34) | (−2.61) | (3.56) | |
| (2) | *INV* | 0.121 | 0.374** | −0.033 | −0.013 | 0.302 | 是 |
| | | (1.45) | (2.21) | (−0.16) | (−0.46) | (1.18) | |
| VARIABLES | | *IND* | *Prob > F* | $R^2$ | | | |
| (1) | *INV* | 是 | 0.000 | 0.260 | | | |
| | | | | | | | |
| (2) | *INV* | 是 | 0.000 | 0.511 | | | |
| | | | | | | | |
| *** p<0.01，** p<0.05，* p<0.1 | | | | | | | |

资料来源：根据相关资料整理。

### 3.4.5　研究结论及启示

1）研究结论

（1）经济政策不确定性显著抑制文旅企业的投资行为。文旅企业投资具有投资周期长，投资回报速度慢的特征，因此相比其他行业，文旅企业在面临宏观政策波动程度较大的市场环境时，倾向于减少投资行为。此外，从融资约束的角度，经济政策不确定性较高时，银行、信托公司等金融机构无法准确分析企业的实际运营能力，因而增加融资约束，进一步抑制企业投资。

（2）业务多元化能够有效缓解经济政策不确定性对文旅企业投资行为带来的负向影响。当经济政策不确定性程度较高时，采取多元化经营战略的企业不仅可以通过多种业务分散外部环境带来的经营风险，同时该类企业受到的融资约束较小，可以进一步稳定企业运营状况。

（3）产权性质对经济政策不确定性背景下文旅企业的投资行为具有差异化影响，对于国有企业的影响更加显著。原因在于，国有企业更依赖银行信贷，在宏观环境不稳定时受到的冲击更明显，导致其投资行为受到显著的负向影响。相比之下，民营企业由于对银行信贷依赖较小，更多依赖非银行融资渠道，加之其资金有限、投资谨慎，对外部经济政策变化的反应相对不敏感。此外，民营企业管理灵活，适应市场变化能力强，能够更好地应对外部变化。

2）管理启示

后疫情时代，全球处于一个极度不稳定的市场环境中，文旅企业的运营状况、投融资行为等都受到巨大的影响，宏观经济政策的频繁变动使得文旅企业经营更加雪上加霜。因此，政府在制定政策时应该注意以下几点：①政府在制定经济政策时，需注意从长远考虑，确保经济政策的有效性与稳定性，注意政策颁布的频率，避免因为经济政策频繁变动导致企业无法准确把握方向，进而影响企业做出正确的经营战略。②本书的研究表明，经济政策不确定性对文旅企业投资行为具有负向影响。政府为了稳定市场环境，促进企业经营而颁布的经济政策可能因为频率过高而出现相反的结果，因此政府应该加强与企业的信息沟通，颁布政策后积极获取企业的反馈信息，确保所颁布经济政策的有效性和合理性。③相比于国有企业，政府应该更加关注民营企业经营中存在的问题，着力解决民营企业面临的困境，营造公平的市场氛围。

本书的结论也为文旅企业经营提供了借鉴：①在经济政策频繁变动背景下，企业应该密切关注经济政策变动情况，提高自身抵御风险的能力，不断适应现有环境，寻找新的突破口，找到适合企业经营的方向。②实现多样化经营不仅有利于企业降低对外部宏观环境的依赖，提高企业融资能力，还能够提升企业自身综合实力，使企业能够识别存在的风险，准确有效地找准未来发展方向。

第 4 章

# 文旅产业高质量发展路径一：品牌化

个性化参与、沉浸式体验、场景化消费等日益多元的消费需求，正在引领文旅产业深度变革，驱动文旅企业通过品牌化战略提升竞争力。本章重点阐述文旅企业如何通过品牌化路径实现高质量发展，包括品牌活化、品牌联盟和品牌国际化三个发展方向（如图4-1所示）。品牌活化是对传统文化资源的深入挖掘和创新利用，通过现代营销和技术手段，让传统文化焕发新的生机和活力。品牌联合能够实现不同文旅企业之间的优势互补，通过跨界合作拓展市场边界，激发品牌活力。品牌国际化是中国文旅企业走向全球市场的必由之路，通过在世界范围内提升中国文旅品牌影响力，向世界展示中国文化的独特魅力。

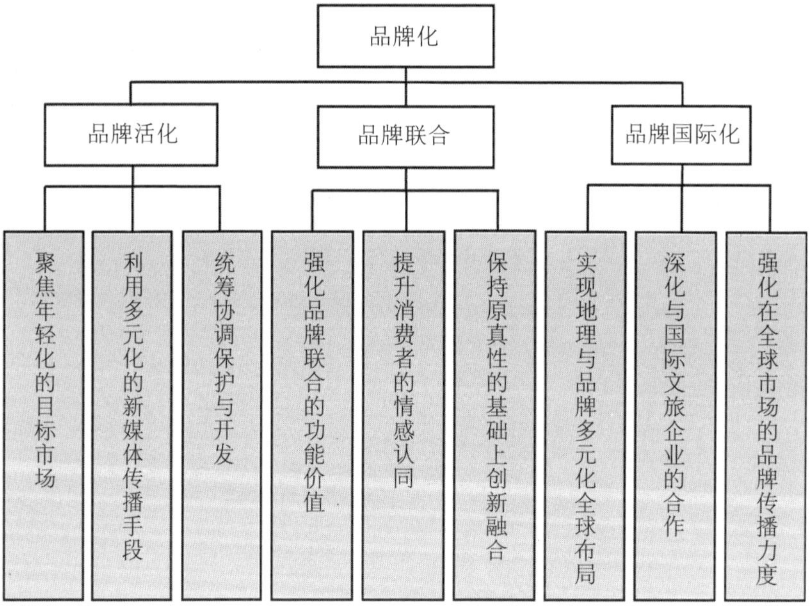


**图4-1　文旅产业高质量发展路径：品牌化**

资料来源：根据相关资料整理。

## 4.1 品牌活化

### 4.1.1 研究综述

1）品牌活化的内涵

品牌活化（Brand Revitalization）就是通过“寻根”的方式重新捕捉失去的品牌资产价值，改善品牌与消费者之间的关系，重塑或促使品牌资产再生（许晖、张海军、冯永春，2018）。现有研究主要是通过对老字号企业的案例分析，从认知心理学和社会心理学这两个理论视角来探讨品牌活化的模式、演进过程和驱动因素。认知心理学视角的相关研究关注消费者心理需求，认为品牌活化主要通过增强消费者的品牌意识和改善消费者心目中的品牌形象两种策略来实现（余可发、金明星，2022）。社会心理学视角的相关研究关注品牌本身的内涵和意义，通过讲述品牌故事、建立品牌社群、设计怀旧情结、采取跨品类延伸等方式来唤醒消费者的品牌意识并促使其与品牌建立心理联结（Brown，Kozinets，and JR，2003；柯佳宁、王良燕，2021）。

2）品牌活化在我国文旅产业中的实践

截至2024年，中国进入世界遗产名录的遗产数量达到59项，是世界遗产最多的国家，其中文化与自然双重遗产4项，自然遗产15项，文化遗产40项；中国共有43个项目列入联合国教科文组织非物质文化遗产名录、名册，项目数量居世界第一。另外，商务部统计数据显示：截至2024年，全国有中华老字号企业1 455家，这些企业的平均年龄约为140岁，其中有701家中华老字号企业创立至今超过100年。

近年来，政府和文旅企业越来越关注文化遗产、中华老字号品牌的保护与开发问题，如何在对文化遗产保护的基础上实现传承与创新，如何激发中华老字号品牌的吸引力，越来越成为文旅产业实践中关注的话题。2022年，商务部、文化和旅游部、文物局联合印发《关于加强老字号与历史文化资源联动促进品牌消费的通知》，提出加强老字号文物保护利用、传承老字号传统工艺、支持建设老字号题材博物馆、促进老字号历史文化资源利用等指导措施。吴必虎和王梦婷（2018）将文化遗产通过旅游功能实现活化的模式总结为三种：第一种为静态博物馆模式，适用于拥有较好客观主义原真性的文化遗产资源，如长城、故宫、颐和园。第二种为实景再现模式，适用于对历史场景的活化，如西安唐朝大明宫采用的框架展示方式。第三种为舞台化表现模式，如河南开封的清明上河园、浙江杭州的宋城千古情，都是舞台化的叙述呈现方式。薛芮和余吉安（2022）以古徽州呈坎村作为案例地，总结出乡村历史文化活化的路径要以文化原真性为起点，通过文化消费、去地方化、文化再生产、再地方化的节点，形成循环路径。

### 4.1.2 故宫博物院品牌活化案例

1）紫禁遗韵，创意新篇

故宫亦称紫禁城，是世界上现存规模最大、保存最为完整的木质结构古建筑群。故宫博物院是在故宫的基础上建立的，作为一个具有深厚历史文化底蕴的品牌，近年来持续致力于文创产品的迭代更新、内容延伸与品类扩充，巧妙利用“反差萌”的设计风格，打破了消费者对传统文化产品枯燥乏味的刻板印象，消除了故宫博物院品牌自身的历史沉重感，令其焕发出新的生机与活力。2014年，一篇名为《雍正：感觉自己萌萌哒》的推文瞬间引爆网络，阅读量在两天内就超过86万。此后，故宫出品的“顶戴花翎官帽伞”“朝珠耳机”“朕就是这样的汉子折扇”等产品均受到网友热捧。故宫博物院还积极拓展文创产品序列，与食品、化妆品、文具、时尚杂志等企业联名推出跨界文创产品，不仅聚焦于产品的美学设计与时尚元素，更将实用性置于核心考量之中，力求打造出既赏心悦目又贴近日常生活需求的文创产品，让消费者在更多的日常场景中接触和使用这些产品，从而提升品牌的知名度和影响力。

2）古韵今风，科技未来

科技的发展为故宫博物院的品牌活化策略带来前所未有的变革，借助现代科技手段，故宫博物院开展了数字故宫项目，使更多人能够通过互联网了解和欣赏故宫的珍贵文物和历史文化。从2017年起，故宫博物院推出虚拟现实（VR）体验馆，除了头戴式显示器和手柄等基本的VR设备，故宫博物院还专门配备了3D动感座椅和灯光氛围控制系统，共同刺激游客的视觉、听觉和运动体感等感官，让游客沉浸式体验故宫文化遗产的震撼与神秘。同时，故宫博物院与科技公司合作，推动创新科技与传统文化的深度融合。2023年8月，故宫博物院与京东科技建立战略合作伙伴关系，为故宫文化创造性的发展注入全新动力，加速了故宫文化遗产科技化转变的进程。故宫博物院还通过举办科技博览会，如“‘纹’以载道——故宫腾讯沉浸式数字体验展”“行走的故宫——石渠宝笈科技数字科技展”等，向观众呈现文化与科技的完美结合，全面呈现故宫数字化的建设成果。

3）拓展市场，焕发新光

故宫博物院在推进品牌活化的进程中，保留传统文化精髓的同时，巧妙融合了现代元素，充分利用微信、微博、抖音、小红书等自媒体平台，以年轻人喜闻乐见的方式进行宣传推广，通过发布有趣、有料的内容，引发年轻人的关注和讨论，成功将年轻消费者转化为忠实的品牌粉丝。2017年，随着《我在故宫修文物》《国家宝藏》等纪录片和文化综艺的热播，故宫拥有了数千万的粉丝和居高不下的热度。2018至2020年，故宫博物院推出原创文化类综艺节目《上新了·故宫》，每期节目都会根据故宫宝藏的线索设计出一个文化创意衍生品，打通观众与故宫文化双向互动的新联结，让故宫文化被更多年轻人“带回家”。此外，在推进老品牌年轻化的进程中，故宫博物院通过在线上平台建立旗舰店，如以销售创意用品为主的文创旗舰店、出版旗舰店、文具旗舰店、主打萌系路线的故宫淘宝以及专门销售宫廷食品的“朕的心意”旗舰店，打造了一系列线上线下相结合的营销活动，能够直接将焕新后的产品、服务及其背后的品牌理念传达给消费者，从而与年轻消费者建立起更为紧密的品牌联结。

### 4.1.3 文旅产业品牌活化的路径分析

1）聚焦年轻化的目标市场

《途牛2024年上半年度旅游消费报告》显示：年轻游客已成为旅游消费的生力军，2024年上半年出游用户中，26~35岁的年轻人出游人次占比达34%。从游客年龄特征来看，20~40岁之间的中青年群体成为各类休闲度假业态的主要用户群体（如图4-2所示）。年轻人群体不仅是当前消费市场的关键力量，也是未来市场趋势的引领者，他们热衷于在社交媒体上分享、打卡，追求个性化和多元化的深度体验，喜欢探索新鲜事物，对数字化技术有着先天的敏感性。聚焦年轻化的目标市场成为文旅产业传统品牌活化的关键。深入挖掘文旅产品独特的文化和历史资源，通过个性化的设计融入现代元素，才能达到吸引年轻消费者的目的。例如，三星堆博物馆推出“川蜀小堆盲盒”，是以三星堆出土的文物为原型，融合了蜀绣、变脸、茶文化等川蜀元素，造型逼真，各具特色，吸引了大量消费者购买。

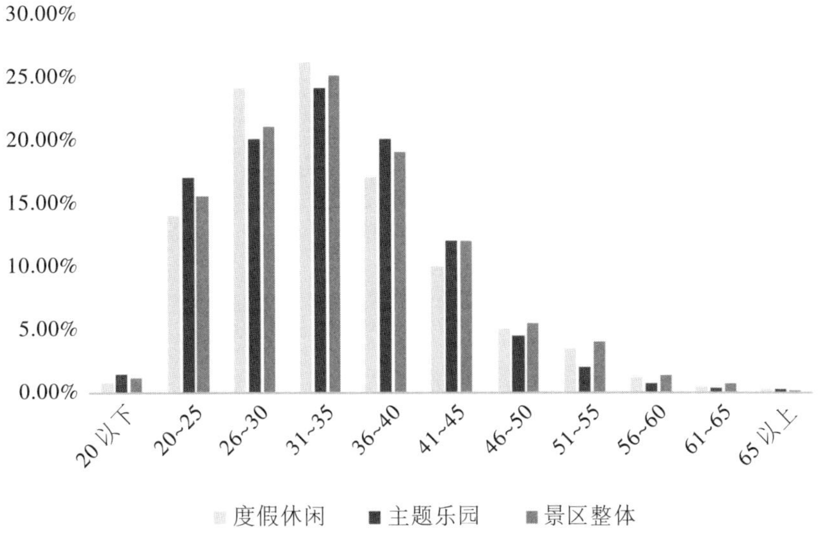


**图4-2　休闲度假类景区各年龄阶段用户比例情况**

资料来源：中国游艺机游乐园协会.2024中国旅游休闲度假市场新趋势发展报告［R/OL］.［2024-10-28］.https://www.caapa.org/#/downFile.

2）利用多元化的新媒体传播手段

随着数字技术的不断发展，社交媒体突破了信息交流的局限性，成为即时通信、在线支付、视频直播等多元功能的承载体，为文旅产业的高质量发展提供了前所未有的发展机遇。传统文旅企业在活化品牌的进程中，需要构建全面的新媒体传播网络，包括在微博、微信、抖音、小红书、B站等热门社交媒体平台上开设官方账号，定期发布高质量内容，吸引年轻用户的关注和互动。同时，通过短视频、直播、VR/AR等新媒体技术，为游客提供全新的文旅体验，增加品牌的知名度和美誉度。在传播内容上，要深入挖掘文旅资源，提炼独特的文化元素和故事线索，打造具有吸引力的新媒体内容，并且要注重内容的趣味性和互动性，提高游客的参与度和传播力。

3）统筹协调保护与开发

文化遗产、历史古镇、中华老字号品牌活化的过程中，要重视统筹协调保护与开发的关系，坚持保护优先，在保护中发展、发展中保护。以成都文化历史街区宽窄巷子为例，在严格控制建筑改造和定期修缮历史建筑的基础之上，宽窄巷子引入现代商业元素，如开设时尚咖啡馆、餐厅以及创意手工艺品店，赋予古老街区新的活力，引入免费Wi-Fi覆盖、智能导览设备和舒适的休息区等现代设施，提升游客体验。这种保护与开发相结合的模式，不仅让宽窄巷子焕发出新的生机，也为当地经济社会发展注入了强劲动力。郑艳芬和王华（2019）认为在中国历史城镇旅游开发过程中，以“乌镇模式”为代表的一股新生的创造性破坏力量正在孕育生成，它不仅推动旅游地内部的自我破坏与革新，更推动着旅游业供给侧结构性改革发展中传统的保护价值观念、管理体制以及经营模式的摧毁与创新，从而创造新的文化旅游“产品”和带来新的保护与发展理念。

## 4.2 品牌联合

### 4.2.1 研究综述

1）品牌联合的内涵

品牌联合（Brand Alliance）是指两个或多个独立品牌，通过优势互补，创造出新的产品或者服务的营销合作过程（Simonin and Ruth，1998；Mishra et al.，2017）。现有研究主要比较不同类型、不同形式的品牌联合所能产生的效应，既检验品牌联合对独立品牌的影响，也检验联合行为对合作品牌产生的效应，也有一些研究探讨不同品牌联合的影响机制，以期为企业品牌实践提供参考。一些研究以品牌知名度划分品牌联合类型，认为不知名品牌或者新进入市场的品牌，与知名品牌联合，消费者会对联合品牌做出积极评价（陆娟、边雅静、吴芳，2009；Newmeyer 等，2018）。也有一些研究探索具有不同产品属性的品牌之间的联合效应，如不同来源国的品牌联合（Bruwer and Johnson，2010；孙国辉、姜浩，2014）、不同跨界类型的品牌联合（王德胜、李婷婷、韩杰，2022）、不同感官体验的品牌联合（郭国庆、赵怡君、张秀兰，2022）等。

2）品牌联合在我国文旅产业中的实践

品牌联合在文旅产业中的应用十分广泛，不同产品、旅游目的地之间采取适当的联合营销策略，能够发挥不同品牌的优势，为消费者带来全新体验的同时，共同提高了联合品牌的竞争力。越来越多的景区、主题公园、博物馆等文旅品牌选择与行业外的品牌合作，跨界融合为文旅产业注入了新的活力。张家界景区携手游戏品牌《原神》，打造奇幻世界观下的东方美景，吸引全球游戏玩家到访张家界欣赏真实的山水之美。北京钟鼓楼文物保护所携手泡泡玛特，以“老北京茶馆”概念设计的潮玩空间人气爆棚。故宫博物院与百雀羚携手，推出“喜上眉梢”发簪、“燕来百宝奁”礼盒，宫廷文化与国货老字号碰撞出了年轻人喜爱的火花。

### 4.2.2 敦煌博物馆品牌联合案例

1）敦煌风华，品牌共耀

敦煌是丝绸之路的中转站，也是古文明的交汇之处，在历经千年沉淀后，神秘之中又蕴含着历史的厚重感。近些年来，敦煌博物馆的品牌推广之路跨越各大领域，与美妆、服装、餐饮、游戏等多个领域品牌，联合打造出许多具有特色的产品。2019 年 10 月，美妆品牌百雀羚与敦煌博物馆联合推出“悦色岩彩”系列彩妆产品，并邀请明星代言，制造了大量话题声量，微博话题总阅读量破5.1亿，成为跨界营销行业的新案例。2020年4月，敦煌博物馆联合服装品牌李宁联合打造“敦煌·拓”系列，推动复古新潮流，让敦煌博物馆走进了公众的视野，掀起了敦煌传统文化消费的热潮。2020年11月，敦煌博物馆与餐饮品牌茶百道联合推出“飞天觅茶”系列，联合品牌使得敦煌文化通过茶百道的渠道得到更广泛的传播，增加了敦煌的曝光率。2024年8月，发布后迅速走红并且成为现象级的国内首款大型3A游戏《黑神话：悟空》与敦煌博物馆也有着紧密的品牌联合，游戏场景中的定风桥土地庙，庙后的壁画就出自敦煌的藏经寺，这激发了海内外大量玩家对敦煌文化的兴趣。

2）敦煌失色，联合成殇

敦煌博物馆的跨界品牌联合确实有许多利处，但是如果一些合作仅仅是为了追求短期的市场效应，忽视了品牌形象和文化内涵的深度结合，就会造成一些负面影响。2020年5月，敦煌博物馆与国内一线电子烟品牌铂德的联合引发了巨大争议，北京青年报首先质疑，认为电子烟产品具有特殊性，会让这次品牌联合在青少年群体中产生不良影响，带来不可挽回的严重危害。随后，三大官媒中国新闻网、人民日报和新华社也对其进行了负面点评，最后敦煌博物馆单方面宣布停止合作并公开向公众道歉。这次失败的品牌联合，严重损害了敦煌博物馆的声誉和形象，迫使敦煌博物馆重新审视其品牌联合策略，确保品牌联合不仅能够带来经济收益，更重要的是能够契合博物馆自身的文化价值和社会责任。

### 4.2.3 文旅产业品牌联合的路径分析

1）强化品牌联合的功能价值

品牌联合的功能价值主要是指联合品牌的专业技术和产品效用，品牌联合通过深入挖掘文化内涵、资源整合和对市场深入探索等方式来提升功能性价值。例如，国风游戏《天涯明月刀》与湖南芙蓉古镇在音乐、华服和建筑等多个方面进行有机的融合，打造了国内首个实体家园“天衣别院”，充分挖掘并展现了湘西文旅中的土家建筑特色和非遗技艺，并且在游戏中专门设置了“天衣别院”的剧情，玩家在游戏中也能感受到湘西文化的风土人情，实现了资源的有效整合和创新发展。文旅产业品牌联合的功能价值要注重品牌之间的优势互补，通过发挥各自在专业技术、产品质量、市场竞争力等方面的优势，共同打造具有竞争力的联合品牌。

2）提升消费者的情感认同

品牌联合作为一种重要的战略手段，其目的不仅在于拓宽市场、提升品牌形象，更重要的是建立与消费者之间深厚的情感联结。这种联结基于消费者对品牌的深度认同，是品牌忠诚度和持续消费动力的重要来源。2023年，瑞幸咖啡与茅台联名推出“酱香拿铁”，上演了一场“美酒加咖啡”的品牌联合行动，产品一上市就刷爆了网络。为了吸引消费者，联合品牌充分利用了茅台作为国人心中国酒的地位，对联名咖啡的味道作了独具魅力的诠释，像酒类产品的销售方式一样，分不同口感讲述了联名咖啡的“前段香、中段柔、后段醇”的品牌故事，充分调动起消费者的浓厚好奇心，以此与消费者建立起情感联结。

3）保持原真性的基础上创新融合

原真性强调对原有文化的真实表现，因为日益增长的城市化与工业化进程，使得现代社会到处充斥着商业氛围，标准化的产品和服务比比皆是，人们更加向往保持文化原真性的地方。有学者以遗产地广东开平碉楼和福建永定土楼的旅游者为研究对象，发现个体内在原真性和感知原真性均对目的地忠诚度具有显著正向影响（Yi等，2017；Yi等，2018）。联合品牌在保持原真性的基础上实现创新融合，不仅是对传统文化的一种尊重与传承，更是对现代消费者需求的深刻洞察与满足。敦煌博物馆正是在尊重和保护传统文化的独特性和真实性的基础之上，通过创新融合的方式，将传统文化与现代元素相结合，打造出符合时代审美和消费需求的文旅产品，在平衡传统与现代中实现可持续发展。

## 4.3 品牌国际化

### 4.3.1 研究综述

1）品牌国际化的内涵

品牌国际化是指品牌在国际市场上构建品牌资产、提升品牌价值和影响力的复杂过程，涉及品牌在全球范围内的认知、接受和影响力的建立。有研究认为，跨国品牌在不同国家市场中的定位策略需要考虑文化价值的差异，应当根据自身资源和战略目标进行准确定位，在此基础上选择合适的路径实现品牌国际化（Batra et al.，2017）。何晓明等（2023）从制度视角提出中医药文化差异的形成因素，探讨中医药企业国际化市场进入模式的战略选择问题。刘英为等（2020）基于中国品牌海外社交媒体广告的多案例研究，深入探讨了基于国家文化原型的品牌国际化传播策略，认为东道国类型、企业国际化发展阶段以及企业的传播诉求会对不同应用策略的传播效果产生影响。中国品牌在国际化传播中面临着文化差异和国际竞争等挑战，需要树立战略思维、加强整合营销传播、提炼中国文化符号和构建立体化传播渠道来提升中国品牌在国际市场上的认可度和市场份额。

2）品牌国际化在我国文旅产业中的实践

我国文旅企业已经开始尝试跨国经营，但在规模和实力上与发达国家的文化与旅游业跨国经营相比还有很大差距，亟须解决国际化经营的两个根本问题：（1）选择何种方式服务于合适的市场，即解决国际化进入模式和区位选择问题；（2）进入东道国市场后，如何更好地提供本地化的服务，以扩大市场占有率。我国文旅企业的国际化之路并非一帆风顺。例如，1989年，作为国内主题公园的开山之作，“锦绣中华”由香港中旅集团投资兴建并迅速走红。锦绣中华的巨大成功鼓舞了港中旅集团开始尝试将中国主题公园带出国门。1993年，美国锦绣中华成立，在佛罗里达州的奥兰多市兴建锦绣中华主题公园，并成为当年中国政府支持的最大涉外文化产业。然而惨淡经营10年之后，美国锦绣中华在2003年关闭。锦绣中华在美国的投资失败的最主要原因是：没有持续性的全局战略；与周边迪士尼、海洋世界等大型主题公园竞争激烈；缺乏对东道国销售市场的分析，以“静景”为主的“中国式公园”，不能满足美国游客喜欢惊险刺激、沉浸体验和购物的旅游需求。此外，企业的商业模式不明确，管理方式落后，缺乏熟悉目的地国投资法律法规的国际化人才，也是锦绣中华主题公园跨国经营失败的重要原因。

### 4.3.2 国际酒店集团品牌多元化战略全球布局的影响机制①

1）研究问题

2019年，中美经贸摩擦继续扩大，中国企业中以出口贸易为主要营收来源的制造企业以及新兴的高科技企业在国际化进程中受到巨大阻碍和冲击，但是旅游、零售、物流等服务企业却逆势而为，加紧了全球化的战略布局。如上海锦江国际酒店集团（下文简称“锦江”）通过成功收购法国卢浮酒店集团、铂涛集团、维也纳酒店集团以及美国丽笙酒店集团，于2018年跻身全球酒店集团前3位；阿里巴巴在印度、韩国、泰国等9个国家相继推出属于本地用户的“支付宝”；顺丰采取与国际物流巨头合作的轻资产运营模式，将快递业务覆盖至日本、美国、巴西等53个国家。这些服务企业具有跟随并服务母国客户走出国门的特点，既不涉及敏感技术，又能缓解东道国市场就业压力，因而其国际化之路遭遇他国政府干涉的概率较低。随着国内人口红利的减少，以及共建“一带一路”倡议的深入推进，跨国经营仍是现阶段中国服务企业实现规模扩张和持续发展的有效手段。

学术界关于服务企业国际化的研究主要集中在国际化动机、区位选择、进入模式等国际化初级阶段的影响因素和绩效评价方面，而进入东道国之后企业该如何经营的问题尚未有大量研究出现，这类问题包括如何制定和实施营销战略，如何配置不同的资源和品牌等。Goerzen和Makino（2007）指出服务的无形性、生产和消费同时性的特点要求服务企业比制造企业更要了解东道国市场需求，因地制宜地提供更加本土化的产品和服务；Lee（2008）认为国家之间在制度、文化、经济等方面的差异和距离，往往是企业难以对外国消费者感同

① 节选自孙轻宇，毕克贵.跨国服务企业品牌多元化战略的全球布局——国家距离的影响机制［J］. 财经问题研究，2020（5）：121-129.

身受的主要原因，成为服务企业在多个东道国市场高效运营的障碍。此外，Santos等（2016）认为行业特征和服务的异质性特点决定了所属不同行业的服务企业全球化布局的模式和路径存在巨大差异。国内学者的研究主要聚焦于银行、零售和互联网公司，对于其他服务企业结合行业特征展开更高阶段的国际化问题，即进入东道国市场之后应该如何经营的问题，现有研究尚有待补充。

从全球范围来看，国际贸易和跨境旅游的爆炸式发展，带动了大量商务人士和游客的海外住宿需求，促使国际知名酒店集团纷纷扩大海外市场的投资力度，酒店业的国际化程度较高。2018年中国对外直接投资额达到1 298.30亿美元，外贸进出口总额突破30万亿元人民币，出境旅游人数超过1.49亿人次，而中国酒店的海外布局还远远不能满足国人商务出行和跨境旅游的需要。虽然锦江、首旅如家酒店集团（下文简称“首旅如家”）和华住酒店集团（下文简称“华住”）跻身由国际权威杂志*HOTELS*公布的全球酒店十强榜单，打破了多年由欧美国家酒店垄断的局面，但与众多国际知名酒店集团动辄拥有上千家境外机构相比，中国酒店的国际化进程还有很长的路要走。目前，跨国酒店集团普遍采取多元化的品牌战略，以此服务于不同层次不同需求的消费者（Wang and Chung，2015），如全球排名第一的万豪酒店集团（下文简称“万豪”），旗下共有30个品牌，分别归属于奢华、高级、精选和长住四大细分市场类别。面对复杂的全球环境，各个国家的制度、文化以及消费者的购买习惯存在显著差别，尤其在中美经贸摩擦持续升级的背景之下，中国酒店集团需要采取更加谨慎的国际化扩张之路，认真思考如何在全球范围内合理布局旗下品牌。

2）理论讨论与研究假设

Bahadir等（2008）认为品牌多元化战略是指企业针对不同市场

推出不同品牌的分散化程度。品牌多元化战略与多品牌战略具有很大的相似性，都是为了满足不同细分市场的消费需求，通过建立两个以上的品牌，并设计不同的品牌标识、名称、定位等，在消费者心中树立不同的品牌形象，以此抢占更多市场份额的发展战略。但二者也存在差异，多品牌战略侧重品牌的数量特征，品牌多元化战略更强调品牌的结构特征。

近年来学者们开始探讨多元化与国际化战略之间的关系，但此类研究都是将全球市场作为整体进行探讨，并未针对每一个东道国市场的多元化战略进行研究。如Kang和Lee（2014）的研究发现品牌多元化能够增强国际化战略与公司绩效之间的正向促进效应。陈岩等（2014）的实证研究表明相关产品多元化能够提升企业的国际化绩效，而无关产品多元化则对国际化绩效产生负向的影响。Batsakis和Mohr（2017）认为实施产品多元化战略的零售企业会分散资源和技术实力，对于企业在国际市场实施更大范围的战略布局非常不利。另外，现有研究主要探讨产品多元化战略的全球布局和绩效评价，而在企业实践中品牌多元化与产品多元化存在本质区别。以温德姆酒店集团为例，该集团旗下管理15个品牌，不同的品牌事业部会选择不同的产品策略：如速8快捷酒店品牌采取单一产品策略，只提供住宿服务；而与集团同名的高端品牌温德姆则采取产品多元化策略，提供住宿、餐饮、博彩、表演等多个产品和服务项目。由于建立品牌的过程具有长期性和系统性（Choi等，2011），在全球范围内如何根据不同东道国特点分布不同的品牌，需要企业总部结合全球经济形势展开全局性的战略部署，但现有研究并未对该问题展开论述。

东道国与母国之间的国家距离被认为是影响企业国际化经营的关键因素（方慧、赵甜，2017），既包括地理位置上的空间距离，也包括制度、文化、经济、技术等无形差异。国际战略领域的相关研究普遍认为海外子公司经常会面临“外来者劣势”，而东道国与母国之间的制度距离、文化障碍，使得子公司在东道国市场获得组织合法性更加困难（程聪、谢洪明、池仁勇，2017），即难以获得东道国政府、市场竞争者、行业协会、媒体、大众等多方利益相关者的接纳和认可，因此会抑制企业在东道国市场的扩张行为，如在投资区位选择中避开差异较大的国家（Du and Boateng，2015）；或者避免采用绿地投资、独资等风险较大的进入模式，转而采用更加谨慎的并购、合资等方式进入东道国市场（陈怀超、范建红，2014）。

也有一些学者的研究表明，服务企业与制造企业在面临国家间的差异时，会采取不同的国际化战略。Pogrebnyakov和Maitland（2011）在沿用Scott（2008）对制度距离三分类的基础上，利用15家跨国电信服务企业的面板数据展开实证研究，结果显示，体现国家之间政治、法律和规则等方面差异的管制距离对于企业的进入战略影响不显著，体现国家之间社会规范、道德准则、契约等方面差异的规范距离起到正向的影响作用，体现国家之间语言、价值观、信仰等方面的认知距离起到负向影响作用。Powell和Lim（2018）认为文化距离会增加海外子公司运营的不确定性，对于制造企业而言，不确定性主要来源于不同国家分公司之间的控制和协调成本，因此文化距离越大，制造企业越可能采用独资或控股的股权结构以降低协调成本；对于服务企业而言，不确定性主要来源于对市场或知识的搜寻困难，因此文化距离越大，服务企业越可能采用合资或非控股的股权结构，将获取顾客信息的压力转移给当地的合作伙伴。综上可见，现有研究的范围主要聚焦于国家距离对服务企业进入模式、股权结构、区位选择的影响，学者们也一直尝试着比较服务企业和制造企业国际化战略和影响机制的差异，但这些研究都没能解释国家距离如何影响服务企业在东道国市场的品牌战略，而多品牌运营正是很多服务企业的显著特色。

（1）地理距离与品牌多元化战略

史伟等（2016）指出地理距离是指母国与东道国之间在地理位置上的空间距离。Santos等（2016）认为地理距离越远，母国与东道国之间的采购成本、运输成本、沟通成本以及人员往来成本越高。在东道国市场实施品牌多元化战略，意味着企业要为不同层次的外国消费者提供差异化服务，不同品牌之间在店面设施、产品设计、服务项目、人员素质等诸多方面都需要不同的定位，以满足不同细分市场的消费需求。Satta等（2014）指出这些差异化使实施品牌多元化战略的服务企业与单一品牌企业相比，在采购、运输、人员招聘等环节协同效应降低，而地理距离的增大会加剧企业在母国与东道国之间往来的成本支出。控制成本的有效方式就是降低海外子公司的多元化程度，以提高不同环节的协同效应。基于此，笔者提出如下假设：

假设1：地理距离对服务企业在东道国市场开展品牌多元化战略具有负向影响。

（2）制度距离与品牌多元化战略

目前，关于制度距离的界定分为狭义和广义，前者只研究正式的制度距离，认为制度距离体现为母国与东道国之间在法律、政治、经济规则等国家管制层面的差异；而后者将非正式的制度距离也涵盖其中，认为制度距离既包括管制层面的差异，也包括两国在价值观、宗教信仰、社会习俗、道德规范等文化层面的差异。本书从狭义角度界定制度距离，而将非正式的制度距离纳入文化距离的研究范畴。Mingo等（2018）指出东道国与母国之间的制度距离会加大企业与东道国各级政府部门的沟通难度，也会增加企业理解当地法律、规则和政策的成本，从而在获取关键资源和政策优惠方面处于劣势。实施多品牌战略的企业，在运营不同品牌时由于目标消费者不同，其品牌的定位、资源投入、经营方式等均显著不同，需要遵循的法律法规以及被管辖的政府级别也存在差异，不同品牌之间在制度层面可以借鉴的经验较少。以酒店为例，五星级酒店品牌与经济型酒店品牌在土地需求、建设标准、投资金额、准入政策等方面都存在巨大差异，五星级酒店品牌的成功经验很难复制到经济型酒店品牌。Ilhan-Nas等（2018）指出母国与东道国市场的制度差异越大，企业经营每一个品牌需要付出的与政府沟通的成本越高，获取行业协会、金融机构的支持越难，越倾向于采取更加谨慎的经营方式以规避东道国的制度风险。专注于单一或少数品牌的经营方式要比同时运营多个品牌节省更多的沟通成本并减少制度约束。基于此，笔者提出如下假设：

假设2：制度距离对服务企业在东道国市场开展品牌多元化战略具有负向影响。

（3）文化距离与品牌多元化战略

Hofstede（1980）认为，文化是同一社会群体中的人们所具有的共同心理程序。经过40多年的传播与积淀，这一概念得到管理学界的认可。当母国与东道国市场中的社会群体存在心理程序的差异时，文化距离就产生了。Scott（2008）认为，文化距离体现在两国公众在语言、宗教、价值观、社会规范、思维模式、行为准则等多个维度的差异，会阻碍跨国公司进入东道国市场时获得规范合法性和认知合法性，降低跨国公司在东道国市场有效运作的成功率。所谓规范合法性是指企业行为符合社会公认的道德观念，而认知合法性是指企业能够被公众接受和熟悉。

Berbel-Pineda等（2016）指出服务企业进入东道国市场，一方面，由于提供的产品往往具有无形性，与有形的制造业产品相比，更难被消费者所感知；另一方面，由于文化距离的存在，与本地竞争对手相比，更难获得规范合法性和认知合法性，这些都会成为服务企业在东道国市场成功运作的障碍。信息经济学中的信号理论认为，品牌可以作为产品质量的诊断性信号，为消费者形成购买决策提供重要线索（Sun and Monic，2012），因此，品牌化运营是服务企业获得东道国消费者认可的有效举措，以此获得规范合法性和认知合法性。Blomstermohe和Gjerald（2006）认为文化距离越大，意味着服务企业对当地消费者的心理诉求和购买习惯的理解就越困难，如果集中为某一目标顾客群提供单一的服务品牌，很难保证能充分获取市场知识，为企业所选中的目标顾客群提供满意的服务。既然不能准确识别不同目标顾客的消费需求，那么将鸡蛋放进多个篮子，也就是为不同层次的消费者提供不同的品牌和服务，则可以规避由于不了解市场而提供单一服务带来的风险，这自然成为跨国服务企业拓展东道国市场份额的明智之举。基于此，笔者提出如下假设：

假设3：文化距离对服务企业在东道国市场开展品牌多元化战略具有正向影响。

3）实证设计

（1）研究对象

本书选取国际酒店业权威杂志*HOTELS*公布的“2017年度全球酒店集团十强”作为研究对象的参考范围，该杂志以全球酒店客房规模、经营状况、业务范围等情况为标准，连续多年发布年度全球酒店集团排行榜，具有较强的公信力和影响力。全球酒店集团十强企业分别为万豪、希尔顿全球酒店集团（下文简称“希尔顿”）、洲际酒店集团（下文简称“洲际”）、温德姆、锦江、雅高酒店集团（下文简称“雅高”）、精选国际酒店集团（下文简称“精选”）、首旅如家、华住和最佳西方国际集团（下文简称“最佳西方”）。

十大酒店集团的年报和官网只刊登旗下各品牌门店总数，尚未针对每个东道国市场刊登各品牌的门店数据，因而需要作者通过浏览酒店集团官方预订平台，手工记录每一家酒店集团旗下每一个品牌在不同东道国市场的门店数量，作为计算品牌多元化的基础数据。其中，首旅如家和华住独立进入国家数量少于5个，全球布局缺乏代表性；万豪在近3年一直处于收购喜达屋酒店与度假村国际集团的后期整合阶段，旗下各品牌数据无法准确获得；温德姆、精选和最佳西方人工统计的各东道国市场品牌总数与年报官方公布数据误差超过10%，品牌数据存在较多缺失值。考虑到品牌数据的准确性和所属国家的代表性，最终选取希尔顿（总部设在美国）、洲际（总部设在英国）、锦江（总部设在中国）和雅高（总部设在法国）4家酒店集团作为研究对象。

（2）变量说明

①被解释变量

本书的被解释变量为品牌多元化，反映酒店集团在东道国市场布局品牌的分散化程度。借鉴杨兴全等（2018）、钱学峰和余弋（2014）的研究，采用学术界广泛使用的泰尔熵指数和调整的赫芬达尔指数两种方式来度量，以避免由于公式选取的单一性造成的系统性误差，相关公式如下：

$$TE_{ik} = \sum_{j=1}^{n}[(x_{ijk}/X_{ik}) \times Ln(X_{ik}/x_{ijk})] \tag{1}$$

$$AH_{ik} = 1 - \sum_{j=1}^{n}(x_{ijk}/X_{ik}) \tag{2}$$

公式（1）中，$TE_{ik}$代表酒店集团$i$在东道国$k$的品牌多元化泰尔熵指数。公式（2）中，$AH_{ik}$代表酒店集团$i$在东道国$k$的品牌多元化调整的赫芬达尔指数；$x_{ijk}$代表酒店集团$i$旗下品牌$j$在东道国$k$的门店数；$X_{ik}$代表酒店集团$i$在东道国$k$的门店总数；$n$代表酒店集团$i$旗下的品牌数。泰尔熵指数和调整的赫芬达尔指数越大，表示品牌多元化程度越高，说明酒店集团在东道国市场布局的品牌种类越分散。

②解释变量

本书的解释变量为地理距离、制度距离和文化距离。借鉴史伟等（2016）的研究，地理距离采用酒店集团总部所在国家与东道国首都之间的距离。

制度距离采用Kogut和Singh（1988）提出的制度距离公式计算：

$$ID_{ik} = \sum_{r=1}^{n}[(I_{ri} - I_{rk})^2/IV_r]/n \quad (3)$$

公式（3）中，$ID_{ik}$代表酒店集团$i$总部所在国家（美国、英国、中国和法国）与东道国$k$之间的制度距离；$I_{ri}$代表酒店集团$i$总部所在国家在第$r$个制度维度上的指标值；$I_{rk}$代表东道国$k$在第$r$个制度维度上的指标值；$IV_r$代表第$r$个制度维度指标值的方差；$n$代表制度维度的数量。制度维度采用世界银行发布的全球治理指数，包括政治稳定性、政府效率、监管质量、法制规则、话语权与问责制、腐败控制6个维度。

文化距离采用Kogut和Singh（1988）提出的文化距离公式计算：

$$CD_{ik} = \sum_{r=1}^{n}[(C_{ri} - C_{rk})^2/CV_r]/n \quad (4)$$

公式（4）中，$CD_{ik}$代表酒店集团$i$总部所在国家（美国、英国、中国和法国）与东道国$k$之间的文化距离；$C_{ri}$代表酒店集团$i$总部所在国家在第$r$个文化维度上的指标值；$C_{rk}$代表东道国$k$在第$r$个文化维度上的指标值；$CV_r$代表第$r$个文化维度指标值的方差；$n$代表文化维度的数量。文化维度采用Hofstede[①]的文化评价指数，包括权力距离、不确定性规避、个人主义、长期导向、男性主义、放纵与约束六个维度。

③控制变量

目前跨国酒店主要采取两种经营方式：一种是独资或带资经

① HOFSTEDE G.The 6-D model of national culture［EB/OL］.［2024-10-28］.https：//geerthofstede.com/culture-geert-hofstede-gert-jan-hofstede/6d-model-of-national-culture/.

营，一种是管理合同或特许经营。前者需要投入资金、土地等大量资源，与东道国市场的外商管制政策、外汇限制等投资环境息息相关；后者需要选择合作伙伴参与市场竞争，与东道国市场的准入条件、竞争强度等商业环境密不可分。因此，本书选取投资环境和商业环境作为控制变量。另外，本书采用设置虚拟变量的方式来处理酒店品牌，以希尔顿作为参照系，以$B_1$、$B_2$和$B_3$分别代表洲际、锦江和雅高。

（3）数据搜集与预处理

被解释变量品牌多元化数据来源于四家酒店集团预订官网，通过逐个搜索2019年酒店集团旗下每个品牌在东道国市场的门店数量计算得出。其中，希尔顿在114个国家和地区分布16个品牌，共经营控制5 715家门店；洲际在102个国家和地区分布15个品牌，共经营控制5 451家门店；锦江在15个国家和地区分布12个品牌，共经营控制274家门店；雅高在108个国家和地区分布29个品牌，共经营控制4 431家门店；总计339个样本国家和地区。解释变量地理距离来源于CEPII数据库2011年发布的数据；制度距离来源于世界银行发布的全球治理指数（WGI），通过计算2008—2017年的平均值获取；文化距离来源于Hofstede[①]个人网站2015年发布的六维度文化指标。控制变量投资环境和商业环境来源于“2019年经济自由指数”，分别利用投资自由化和商业自由化指数来衡量。由于法属波利尼西亚、直布罗陀、库拉索岛、斯威士兰等28个样本国家和地区在解释变量方面存在缺失值，予以删除，最终确立本书的样本国家和地区为311个（见表4-1）。

① HOFSTEDE G.The 6-D model of national culture［EB/OL］.［2024-10-28］. https://geerthofstede.com/culture-geert-hofstede-gert-jan-hofstede/6d-model-of-national-culture/.

表4-1　　　　　**品牌多元化研究的变量定义与数据来源**

| 变量名称 | 字母 | 变量名称 | 变量含义 | 数据来源 |
|---|---|---|---|---|
| 被解释变量 | *TE* | 品牌多元化-泰尔熵指数 | 用泰尔熵指数衡量酒店集团在东道国市场布局品牌的分散化程度 | 酒店集团官网 |
| | *AH* | 品牌多元化-调整的赫芬达尔指数 | 用调整的赫芬达尔指数衡量酒店集团在东道国市场布局品牌的分散化程度 | |
| 解释变量 | *GD* | 地理距离 | 酒店集团总部所在国家与东道国首都之间的距离 | CEPII数据库 |
| | *ID* | 制度距离 | 酒店集团总部所在国家与东道国之间的制度差异 | 世界银行全球治理指数（WGI） |
| | *CD* | 文化距离 | 酒店集团总部所在国家与东道国之间的文化差异 | Hofstede个人网站 |
| 控制变量 | *IF* | 投资环境 | 从外商投资国民待遇、土地所有权限制、外汇管制等方面衡量的投资自由化程度 | 2019年经济自由指数 |
| | *BF* | 商业环境 | 从获取许可证程序、开业成本等方面衡量的商业自由化程度 | |
| | $B_1$ | 洲际 | 洲际酒店集团 | 以希尔顿全球酒店集团为参照，设置虚拟变量 |
| | $B_2$ | 锦江 | 上海锦江国际酒店集团 | |
| | $B_3$ | 雅高 | 雅高酒店集团 | |

资料来源：根据相关资料整理。

4）结果分析

（1）模型设定

本书的被解释变量品牌多元化是一个典型的受限变量，在311个样本国家和地区中，有97个品牌多元化指数为0，表明只开设一个酒店品牌，这些样本只有完备的自变量信息，因此，采用Tobit模型对样本数据进行统计分析最为合适。为了去除各变量取值量纲的影响，本书对取值范围较大的变量地理距离进行了取自然对数的处理。结合研究框架，Tobit回归模型设定如下：

$$TE = \alpha_0 + \alpha_1 LnGD + \alpha_2 ID + \alpha_3 CD + \alpha_4 IF + \alpha_5 BF + \alpha_6 B_1 + \alpha_7 B_2 + \alpha_8 B_3 + \mu \quad (5)$$

$$AH = \beta_0 + \beta_1 LnGD + \beta_2 ID + \beta_3 CD + \beta_4 IF + \beta_5 BF + \beta_6 B_1 + \beta_7 B_2 + \beta_8 B_3 + \varepsilon \quad (6)$$

公式（5）和公式（6）中，$TE$代表品牌多元化的泰尔熵指数，$AH$代表品牌多元化的调整的赫芬达尔指数，$GD$代表地理距离，$ID$代表制度距离，$CD$代表文化距离，$IF$代表投资环境，$BF$代表商业环境，$B_1$代表酒店品牌洲际，$B_2$代表酒店品牌锦江，$B_3$代表酒店品牌雅高，$\alpha_i$（$i$=0–8）、$\beta_i$（$i$=0–8）和$\mu$、$\varepsilon$均为待估计参数。各变量的描述性统计结果见表4–2，可见酒店集团在样本国家和地区的品牌多元化程度具有较大差异性，泰尔熵指数在0~2.5之间，调整的赫芬达尔指数在0~1之间。地理距离、制度距离、文化距离、投资环境和商业环境的差异也较大。

表4–2　　**品牌多元化研究的描述性统计**

| 变量 | 最小值 | 最大值 | 均值 | 标准差 |
|---|---|---|---|---|
| *TE* | 0 | 2.4892 | 0.7642 | 0.6394 |
| *AH* | 0 | 0.9026 | 0.4179 | 0.3061 |
| Ln*GD* | 5.5698 | 9.8659 | 8.5749 | 0.8722 |
| *ID* | 0.0249 | 10.4234 | 2.4355 | 2.1409 |
| *CD* | 0.0004 | 13.5900 | 2.2250 | 1.8309 |
| *IF* | 0 | 88 | 77.2742 | 8.9608 |
| *BF* | 0 | 95 | 64.0996 | 19.0583 |

资料来源：根据相关资料整理。

（2）模型检验

本书采用分层回归的方法检验自变量对品牌多元化的影响，模型1和模型2以泰尔熵指数衡量品牌多元化，模型3和模型4以调整的赫芬达尔指数衡量品牌多元化，结果见表4-3。

表4-3　　品牌多元化模型回归结果

| 变量 | 泰尔熵指数 | | 调整的赫芬达尔指数 | |
|---|---|---|---|---|
| | 模型1 | 模型2 | 模型3 | 模型4 |
| 控制变量 | | | | |
| *IF* | 0.0156**<br>(0.0075) | 0.0167**<br>(0.0082) | 0.0079**<br>(0.0036) | 0.0084**<br>(0.0038) |
| *BF* | 0.0006<br>(0.0031) | -0.0099**<br>(0.0041) | 0.0003<br>(0.0015) | -0.0042**<br>(0.0019) |
| $B_1$ | 0.5110***<br>(0.1196) | 0.3422**<br>(0.1326) | 0.2586***<br>(0.0582) | 0.1510**<br>(0.0628) |
| $B_2$ | -0.3828<br>(0.2510) | -0.5267*<br>(0.2704) | -0.2145*<br>(0.1219) | -0.3070**<br>(0.1279) |
| $B_3$ | 0.7388***<br>(0.1183) | 0.7238***<br>(0.1346) | 0.3108***<br>(0.0577) | 0.2648***<br>(0.0638) |
| 自变量 | | | | |
| Ln*GD* | | -0.0312<br>(0.0594) | | -0.0242<br>(0.0282) |
| *ID* | | -0.0691*<br>(0.0341) | | -0.0338<br>(0.0204) |
| *CD* | | 0.0821**<br>(0.0433) | | 0.0362**<br>(0.0161) |
| 常数项 | -1.0127***<br>(0.5115) | 0.1208<br>(0.8345) | -0.4581*<br>(0.2469) | 0.1292<br>(0.3928) |
| Pseudo $R^2$ | 0.0752 | 0.0989 | 0.1148 | 0.1557 |
| Log likelihood | -341.6163 | -243.9162 | -193.5854 | -120.3548 |
| Prob > chi2 | 0.0000 | 0.0000 | 0.0000 | 0.0000 |

注：***P<0.01，**P<0.05，*P<0.1（双尾检验）；括号内为标准差。

资料来源：根据相关资料整理。

Tobit回归模型的拟合度通过Pseudo $R^2$和Log Likelihood参数进行检验，可以看出加入自变量后，模型的解释程度均有所提升、拟合度更优。Tobit回归模型中的左归并点为0，共97个样本；另有214个样本未被归并。从表4-3可以看出：

第一，无论采用何种衡量方式，地理距离均对品牌多元化呈现负向影响作用，但并不显著，假设1没有得到验证。说明地理距离并不是影响服务企业在东道国市场品牌集中化与分散化布局的重要因素。

第二，制度距离对品牌多元化呈现负向影响作用，不同的衡量方式在显著性方面存在差异，以泰尔熵指数衡量品牌多元化的模型2结果显著（$\beta = -0.0691$，$P < 0.1$），以调整的赫芬达尔指数衡量品牌多元化的模型4结果不显著（$\beta = -0.0338$，$P > 0.1$），假设2得到部分验证。说明母国与东道国之间的制度距离越大，服务企业面临的政治压力与协商成本越高，越有可能集中在少数品牌布局门店。

第三，文化距离对品牌多元化呈现显著的正向影响，假设3在两种衡量方式下均得到验证。说明母国与东道国之间的文化距离越大，服务企业越有可能分散布局旗下品牌，以满足不同目标市场的消费需求。

第四，通过比较地理距离、制度距离和文化距离的回归系数，可知文化距离的系数大于制度距离，制度距离的系数大于地理距离，说明文化距离对品牌多元化战略的实施影响最大。

第五，比较控制变量的回归结果可知，投资环境显著正向影响企业品牌多元化的战略决策，而商业环境呈现显著的负向影响作用。说明投资环境越理想，外资企业受到的管制越少，越有可能促进多品牌进入、分散化运营；而商业环境越理想，往往开业成本和准入条件会降低，行业内竞争反而会更激烈，跨国服务企业为了避免外来者劣势，更有可能集中进入少数品牌市场减少竞争压力。比较投资环境和商业环境二者的回归系数，可知投资环境的影响作用更大。

（3）稳健性检验

本书所选取的酒店集团均采取多品牌运营模式，但有些品牌之间针对的目标顾客群以及品牌定位的差异性并不明显，如希尔顿旗下的顶级品牌康莱德和华尔道夫。为了消除品牌之间的可替代性，本书以品牌档次为基础重新测度品牌多元化指标，将每家酒店集团旗下的品牌按照奢侈品牌、高档品牌和中低档品牌划分为三类，分别采用泰尔熵指数和调整的赫芬达尔指数衡量。从表4-4中可知，两种衡量方式下的制度距离均对品牌多元化产生显著的负向影响，其他所有解释变量和控制变量的系数方向和显著性均未发生明显变化，说明本书的研究结果具有较好的稳健性。

表4-4　　**调整的品牌多元化模型回归结果**

| 变量 | 泰尔熵指数 | | 调整的赫芬达尔指数 | |
|---|---|---|---|---|
| | 模型1 | 模型2 | 模型3 | 模型4 |
| 控制变量 | | | | |
| *IF* | 0.0109* (0.0057) | 0.0129** (0.0060) | 0.0067* (0.0034) | 0.0082** (0.0036) |
| *BF* | 0.0012 (0.0022) | −0.0057* (0.0029) | 0.0008 (0.0013) | −0.0031* (0.0017) |
| $B_1$ | 0.4909*** (0.0895) | 0.2781*** (0.0934) | 0.2949*** (0.0542) | 0.1501*** (0.0563) |
| $B_2$ | −0.3206 (0.1968) | −0.5439*** (0.2075) | −0.2093* (0.1195) | −0.3630*** (0.1259) |

续表

| 变量 | 泰尔熵指数 | | 调整的赫芬达尔指数 | |
|---|---|---|---|---|
| | 模型 1 | 模型 2 | 模型 3 | 模型 4 |
| $B_3$ | 0.6347***<br>(0.0886) | 0.5517***<br>(0.0949) | 0.3674***<br>(0.0537) | 0.3011***<br>(0.0572) |
| 自变量 | | | | |
| Ln*GD* | | −0.0381<br>(0.0414) | | −0.0314<br>(0.0250) |
| *ID* | | −0.0462*<br>(0.0313) | | −0.0340*<br>(0.0188) |
| *CD* | | 0.0662***<br>(0.0244) | | 0.0420***<br>(0.0147) |
| 常数项 | −0.9276**<br>(0.3866) | −0.1229<br>(0.6029) | −0.5656**<br>(0.2349) | −0.0467<br>(0.3647) |
| Pseudo $R^2$ | 0.1231 | 0.1503 | 0.1752 | 0.2298 |
| Log likelihood | −261.7365 | −178.5521 | −167.1214 | −99.8960 |
| Prob > $chi^2$ | 0.0000 | 0.0000 | 0.0000 | 0.0000 |

注：***P<0.01，**P<0.05，*P<0.1（双尾检验）；括号内为标准差。

资料来源：根据相关资料整理。

5）研究结论

与以往研究中普遍以品牌或产品的数量特征为关注点不同（张祥、章晴、李艳，2015），本书旨在探索国家之间的差异如何影响跨国服务企业在全球市场的多品牌布局，强调基于品牌内部的结构特点设计因变量，即探讨地理距离、制度距离和文化距离三项国家距离对服务企业在东道国市场开展品牌多元化战略的影响机制。实证结果与以往研究认为国家距离会抑制企业跨国扩张行为的结论既存在相同之处也存在不同之处：

相似之处体现在制度距离方面，即制度距离会显著负向影响服务企业品牌多元化的战略实施。实证结果表明，母国与东道国之间在政治制度、法律规则、政府效率、监管质量等制度层面的差异会促使跨国服务企业选择集中化的品牌布局策略，以避免来自东道国政府的制度压力，降低沟通成本。制度环境较为相似的东道国市场，会促使跨国服务企业采取更加积极的扩张策略，提高进入品牌的分散化程度。总部设在英国的洲际酒店集团，在进入制度环境相似的美国市场时，布局了12个酒店品牌，且每个品牌的进入数量都较多；而进入制度环境差异较大的越南市场，仅布局了洲际和假日两个品牌。

不同之处主要体现在地理距离和文化距离方面：地理距离对品牌多元化的影响并不显著，文化距离对品牌多元化起到显著的正向促进作用。一方面，相比于制造企业，服务企业更侧重于轻资产运营，因此采购、运输以及人员派驻并不需要在母国进行；另一方面，由于移动互联技术的迅猛发展以及网络传输速度的升级，母子公司之间的人员沟通、财务往来等日常管理工作均可通过网络完成，地理距离的影响作用也随之减弱。而东道国与母国之间巨大的文化差异，体现在语言、信仰、价值观、社会规范、道德准则等诸多方面，会大大阻碍跨国服务企业对东道国市场需求的准确理解，迫使服务企业选择分散化的品牌策略，以减少由于不了解当地消费者心理和文化诉求，选择单一或少数品牌运营的风险。

### 4.3.3 文旅产业品牌国际化的路径分析

1）实现地理与品牌多元化全球布局

文旅企业品牌国际化的征途上，面临的不仅仅是市场的广阔和消费者的多样，更有来自不同国家、地区间的文化、制度、经济等多元化差异的多重挑战。为了在这些复杂多变的国际环境中立足并发展壮大，企业需要采取更为灵活和精准的战略布局。多元化品牌布局意味着企业不再依赖单一品牌打天下，而是根据目标市场的特点，推出多个定位不同、特色各异的品牌。在多元化品牌布局的基础上，企业还需要根据不同市场的特点，制定差异化的品牌策略。以携程为例，在日本市场中，针对日本游客出行时间相对固定且计划性强的特点，携程会为游客提前很久制定出符合假期出行的旅游线路，同时提供交通换车和景点浏览顺序等详细攻略。而在欧美市场，针对欧美游客偏爱自由行的特点，携程与国际知名租车公司合作，提供大量租车服务来满足游客的需求。

2）深化与国际文旅企业的合作

在全球化的浪潮下，文旅企业的品牌国际化已不再是单一企业的孤军奋战，而是需要借助国际合作与联盟的力量，共同打造具有国际影响力的品牌。国际合作与联盟对于文旅产业品牌国际化的重要性不言而喻，通过与国际知名企业或机构建立合作关系，企业可以共享资源、优势互补，实现资源的优化配置，借鉴合作者的管理理念和运营模式。在西安曲江新区入境游产品采购系列活动暨“2020中国年”邀约会（亚洲专场）上，曲江文旅分别与俄罗斯21世纪旅行社、韩国模德TOUR、越南皇茶旅行社、越南FLC旅游活动股份有限公司签订了《战略合作协议》，这些合作不仅丰富了曲江文投的产品线，还帮助其在全球范围内进行资源整合和业务拓展，进一步深化了其国际化的进程。

3）强化在全球市场的品牌传播力度

面对日益激烈的国际市场竞争，文旅企业仅仅依靠优质的产品和服务已不足以确保品牌的长期稳定发展，还需要投入更多的资源和精力，精心策划并执行一系列高效的品牌传播与推广策略，以实现对品牌形象的全面塑造与深度传播。此外，随着社交媒体的普及和影响力的增强，企业需要更加重视社交媒体在品牌传播中的作用。通过创建官方社交媒体账号、发布有价值的内容、与消费者互动等方式，企业能够有效缩短与消费者之间的心理距离，进而提升品牌的亲和力与亲近感，与消费者构建更为紧密的关系。例如，张家界景区在韩国通过电视剧、真人秀和短视频等大量的宣传媒介，成功得到韩国人的青睐，甚至在韩国流传着一句话“孝顺父母，就送他们去张家界旅游”。2023年，张家界入境游客68.74万人次，其中韩国游客28万多人次，约占接待游客总量的41%。

第 5 章

# 文旅产业高质量发展路径二：数字化

大数据、云计算、人工智能、物联网等数字技术的广泛应用正在深刻变革文旅产业的经营方式，为文旅产业的高质量发展注入新动能。本章旨在深入探讨中国文旅产业数字技术的发展现状、路径和前景，重点阐述数字技术助推文旅产业链创新发展、助推消费者沉浸式体验价值的实现以及用户生成内容的相关讨论，强调数字技术作为新质生产力在引领和驱动文旅产业高质量发展中的重要地位（如图5-1所示）。

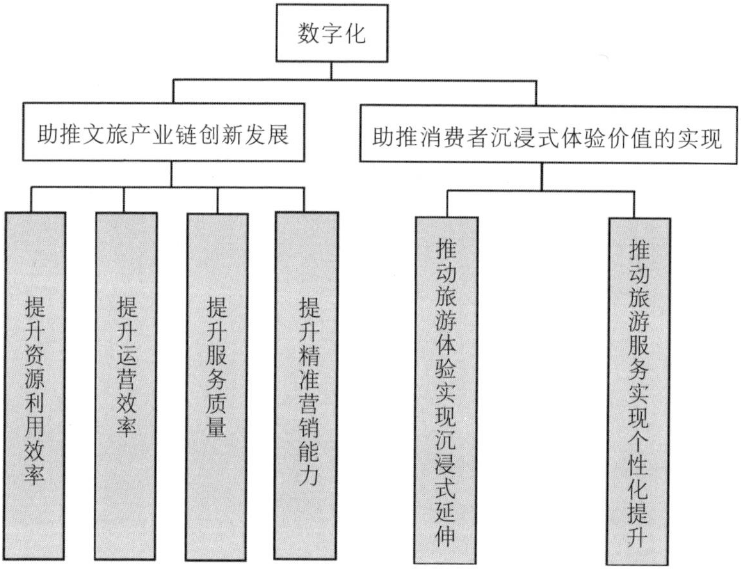


**图5-1 文旅产业高质量发展路径：数字化**

资料来源：根据相关资料整理。

## 5.1 数字技术助推文旅产业链创新发展

### 5.1.1 数字技术提升资源利用效率

数字技术为保护文化遗产提供了新思路。数字技术可以将文旅企业的旅游资源转变为信息资源，并进一步对这些信息资源进行组织、修复、整合和可视化展示，利用数字技术和数据资料，将传统的文物遗迹资源进行修复和可视化处理，为资源可持续利用提供了解决办法，能够有效协调旅游资源保护与开发之间的矛盾（詹琳等，2022）。“数字敦煌”是一项旨在保护敦煌文化遗产的数字化工程，借助“数字敦煌小程序”，各地游客可以通过线上游览，360度全方位地欣赏跨越隋、唐等10个朝代的30个石窟内部全景，观看特定壁画的高清数字图像及相关介绍。“数字敦煌”充分利用数字技术对敦煌石窟的壁画、彩塑等文物进行全方位的信息采集，既为文物的保存留下了可靠的数字信息，又减少了自然侵蚀和人文活动对于文物的破坏，发挥了数字技术保护时效强、用途多元化等优势。由此观之，合理利用数字技术是保护好、利用好、发展好旅游资源的必备手段、全新路径。

数字技术可创新资源开发形式，创新旅游产品供给。利用虚拟现实技术，增强人地互动，既克服了旅游地空间限制，又能调动游客主动参与，实现价值共创（郑春晖、温云波、王祎，2024）。同样以数字敦煌为例，虚拟现实（VR）和增强现实（AR）技术助力游客突破时空限制。2023年3月，甘肃省文化和旅游厅联合相关机构，利用数字技术打造了线上首个旅游景点——元宇宙敦煌博物馆。整个博物馆以3D古风风格呈现，完整复刻了10余个隋唐时期的敦煌经典古风壁画场景。游客可参与到不同场景中，与壁画场景进行生动交互，模拟敦煌飞天，体验丰富有趣的互动玩法。宇宙敦煌博物馆的成功上线，不仅能够更好地叙述历史故事，利用数字技术增强游客们的沉浸式体验，也能够借助虚拟现实技术展示历史文物的细节，为游客带来了更加真实愉悦的休闲体验。数字技术如数字采集、复原再现、展示传播的不断革新，在保护文化资源的同时推动了文化历史资源的开发利用，对旅游资源的可持续发展产生了积极作用。

### 5.1.2 数字技术提升运营效率

在文旅产业中，数字技术的应用正在显著地提升企业的运营效率。通过大数据、云计算、物联网等技术的集成和应用，文旅企业可以更加高效、精准地升级线上服务，提高服务质量与效率，优化资源配置，进而促进景区资源与服务的进一步融合发展，改善企业的经营效率（刘英基等，2023）。黄山风景区从2007年已经开始探索电子票务系统的应用，到如今该平台已经包含黄山旅游官方平台、票务综合业务管理系统、迎客松酒店管理系统、呼叫中心系统等多维度的应用系统。游客购票拥有线上线下两种渠道，游客完成购票后，会收到二维码电子门票凭证，游客可以凭借电子门票和身份证进入风景区，提高了入园速度；与此同时，检票系统还可以实时监测统计景区内的游客数量，景区管理者借助系统可以及时了解游客的实时流量，对景区资源实现实时调配，提高了景区的运营效率。黄山旅游还引入了“人工智能行程算法”，为游客提供相关景点和交通的信息，定制个性化的旅游线路，以确保游客获得愉悦的休闲体验。另外，考虑到老年人的特殊需要，黄山旅游依旧保留了传统支付窗口，为老年人增加绿色入园通道，老年人在线上订票时可以通过拍照的方式留下个人肖像，即可通过刷脸进入景区，同时安排专门人员对老年人进行引导，彰显了黄山旅游在推动数字化升级过程中的人文关怀。

从黄山旅游一体化票务系统的应用中可以看出，运营效率的提高来源于两个方面：第一，来自信息成本的下降。数字信息技术的应用更多的是通过云计算平台、区块链等信息技术与工具，提高企业获取信息的能力，利用互联网进行线上服务，从而降低相关成本（乔向杰，2022）。第二，数字技术赋能企业运营效率还体现在收集实时信息、优化资源配置，文旅企业借助大数据，可以实现实时监管，根据游客的个人需求的实时数据，结合游客的个人偏好和实时情景信息，实时配置资源以满足游客需要，优化服务供给（张红梅、梁昌勇、徐健，2016）。未来，随着数字技术的不断发展和应用，相信文旅产业的运营效率和服务质量将会得到进一步提升。

### 5.1.3 数字技术提升服务质量

随着数字技术的飞速发展，文旅企业正迎来服务质量提升的新机遇。特别是人工智能（AI）、大数据处理和机器人技术的应用，不仅提高了服务效率，还极大地丰富了游客的旅行体验。AI技术的引入，使得文旅服务更加智能化和个性化。AI也可以在顾客需要必要服务的时候，及时准确地提供相应的服务，服务质量和效率有所保障（宋晓、王淑华、张新成，2024）。虚拟数字导游就是其中的一个典型案例，利用AI技术，这些数字导游可以准确回答游客问题、提供个性化的旅游建议，并实时介绍景点信息。例如，中国国家博物馆推出的数智人艾雯雯，不仅为游客提供了高质量的导览服务，还通过AI技术连接了博物馆的数字化资源，让游客能够更深入地了解中华文明。大数据处理技术在文旅企业中的应用，使得企业能够更准确地把握市场需求和游客偏好。

机器人技术在文旅服务中的应用，有利于提高服务效率，降低人力成本。机器人的应用可以提供更加迅速、更加直接、不间断的服务，改变传统的面对面的服务模式，长远来看，帮助企业减少了人力成本，让企业可以获得更大的利润空间，从而进一步推动文旅企业的发展。无人酒店和机器人餐厅就是这一趋势的代表。在这些场景中，机器人可以24小时不间断地提供服务，且工作效率高、准确性强。例如，杭州阿里无人酒店利用人脸识别、语音识别等技术，实现了自助办理入住、送餐和清洁等服务，极大地提升了游客的住宿体验。北京冬奥会期间的冬奥智慧餐厅通过机器人实现了制餐、传菜等服务的全自动化，让游客享受到了高效、卫生的用餐体验。很显然，AI技术和机器人技术的应用，为高质量的文旅服务提供了新的发展路径，在保证企业效率的同时，还进一步降低了企业成本。需要注意的是在技术应用的过程中，企业不能忽视人性化服务的重要性，且需要制定合理的政策和规范来保障技术应用的合理性和可持续性。

### 5.1.4 数字技术提升精准营销能力

数字技术推动生产服务个性化。企业利用数据生产要素有利于捕捉消费者的个人偏好和个人需求，优化自身产品供给，满足消费者个性化的消费需求（赵磊，2022）。数字故宫的线上平台可以通过收集用户的浏览行为、搜索记录、点击偏好等数据，总结出消费者的共同点从而对其进行分类，采取不同的营销策略。例如：针对那些对历史文化感兴趣的游客，推送相关的学术讲座和研究成果；针对家庭游客，推出亲子活动和教育项目。借助大数据分析可以进一步为不同的顾客提供精细的个性化服务，根据统计数据，系统可以自动将相关推送和用户相匹配，如推送营销广告等，既可以最大化地将潜在消费者转化为实际消费者，同时又简化了消费者使用平台的流程，更能吸引顾客（湛研，2019）。

数字技术有利于激发游客的旅游需求（华成钢、白长虹、韦鸣秋，2019）。"数字故宫"举办了线上展览，利用近10亿像素采集了1 742个全景点位，实现了720度实景游览和65 873件展品的高清影像浏览。通过数字化的展示方式，能够让更多用户了解故宫的文化资源，借助网络等数字平台，实现和潜在顾客的良好互动，让潜在游客能够在家中就能预先体验旅游目的地的真实场景，有利于顾客一定程度上克服信息的不对称。这种基于虚拟现实技术的服务方式，极大增强了观众与线上文物的互动性和趣味性，让观众在无法亲临现场的情况下也能够感受到故宫的魅力和文化底蕴，刺激消费者做出旅游决策。

## 5.2 数字技术助推消费者沉浸式体验价值的实现

### 5.2.1 数字技术推动旅游体验实现沉浸式延伸

在旅游业的演进过程中，随着消费者需求的不断升级，旅游方式也在悄然发生变革，深度体验、互动体验越来越受到游客的青睐。数字技术的发展，很好地适应了游客的需求转变，主要表现在两个方面：

第一，数字技术发展推动沉浸式体验发展。数字技术，特别是虚拟现实（VR）、增强现实（AR）等技术的应用，必然会带来产业变革，旅游产品由过去的实地体验，发展为虚拟体验与实地体验一体的组合产品，扩展了旅游体验的边界（魏翔，2022）。洛阳市《无上龙门》全息天幕秀为我们提供了很好的借鉴，其利用数字技术，在13分钟内为观众生动演绎了洛阳的千年风霜变化，龙门因此吸引到了大批游客，2024年春节期间，洛阳市接待游客数位于河南省第一，全国第十，同比增长58.7%，龙门石窟在游客最喜爱景点排名中进入前五，其中离不开数字赋能的巨大助力。[①]

第二，沉浸式体验为传统旅游业的数字化转型升级提供了新方法。当前沉浸式体验主要以将流行文化同旅游资源相结合与将文博资源、遗迹资源等人文景观同历史故事相结合两种方式为主，重视游客

---

① 河南省文化和旅游厅.假日文旅丨春节假期洛阳有多火？来洛阳游客人次全省第一、全国第十！［EB/OL］.［2024-11-15］.https://hct.henan.gov.cn/2024/02-19/2949797.html.

游览过程中的互动参与，力求为企业创造更大价值、为游客提供更好体验（夏属和陈中科，2024）。2024年出世的《黑神话：悟空》在全国掀起热潮，更是直接带火了取景地山西朔州市的文旅行业，在2024年前7个月，仅朔州政府监测的三处景点，访客量相较2023年便暴涨108.22%，门票收入约2 728万元，同比增长145%。这得益于当地文旅的迅速反应，利用“悟空”IP，推出“天命人专线”和特色项目，并利用互联网平台进行多渠道宣传，最终取得了如此优异的成绩。陕西“长安十二时辰”项目则是另一个沉浸式体验的成功案例，其利用VR、AR技术让游客能够沉浸在唐朝长安的热闹景象中体验盛唐文化，还允许游客沉浸式参与电视剧《长安十二时辰》中的故事情节，深入探索剧情线索，与剧中人物进行实时的互动体验。这种独特的体验方式让游客从传统旅游的参观者身份转变为参与者，从而获得了更高的满意度（林叶强、沈晔，2024），不仅丰富了游客的旅游体验，还进一步推动了文旅产业的融合创新。

### 5.2.2 数字技术推动旅游服务实现个性化提升

在当前的旅游服务领域，数字技术对于个性化服务发展有以下作用：第一，大数据和虚拟现实技术助力精准营销与旅游者的高质量决策。文旅企业借助日渐成熟的数字技术，搭建线上平台，使得游客的个人偏好、决策信息和反馈信息等可以及时通过数字平台进行传递，企业据此改善服务，优化服务供给，提供个性化服务，数字平台还可以为游客提供决策信息，以便于其可以做出符合自身需求的高质量决策，一站式服务平台大大提升了游客在出行前、游览中的旅游体验（韦鸣秋、白长虹、张彤，2023）。以“一键游广西”为例，该项目是由广西壮族自治区文化和旅游厅与广西旅发建设运营的智慧旅游项目，充分利用了虚拟现实、云计算、大数据、物联网和人工智能等多种先进技术，在智慧服务平台上，“一键游广西”为游客提供了包括一键门票、一键住宿、一键美食、一键线路、一键购物等在内的全方位服务。这些服务不仅提高了游客的出行效率，还通过大数据分析游客的偏好和需求，为游客推送更加符合其个性化需求的旅游产品和服务，更好地满足了游客的个性化需求。

第二，最大程度满足游客的多元化需求。在游览过程中，数字技术通过数据的收集与分析，可以精准匹配不同人群在游览过程中的侧重点。如今及未来一段时间内，Z世代将成为旅游消费的主力军，这一群体在数字化、互联网和社交媒体的环境中成长，追求多元化的消费需求，而数字文旅的发展进一步推动了旅游资源的创新使用和旅游产品的创新开发，为将流行文化和旅游融合发展、提供个性化服务提供了路径。例如，“一部手机游云南”“一键游广西”“旅游目的地数字化平台（中旅国际）”等众多小程序满足了Z世代生活节奏快的需求特点，为其旅途提供便利，节约时间；成都熊猫基地的AR投影、上海豫园以“山海经”为蓝本打造的数字展览、广东海上丝绸之路博物馆的数字文物展示、“海上丝绸之路”虚拟体验等，给Z世代带去了沉浸式体验。门票预约、智能导航、虚拟导游、虚拟体验等服务，可以为游客游览提供极大便利和愉悦体验（邓宁、张玉洁，2023），这将是未来文旅企业发展的重要方向。

第二，在关注数字化带来便利的同时需要重视其带来的挑战。例如，如何保障游客的隐私和数据安全、如何平衡个性化服务与标准化服务的关系、如何降低数字化旅游服务的成本等。对此，不少学者认为，应该推动社会各方的共同参与，建立一个全方位的监督监管机制，充分发挥政府的调节作用，由主管部门引导建立起严格的行业规范，完善相关法律法规，保障游客的数字信息安全；提高各方数据开放程度，加强信息交流，既要提高居民对于数字信息的接收和使用的便利性，又要督促企业扩大信息开放范围，消除数字鸿沟（宋瑞，2022）。数字化技术为旅游者享受个性化服务提供了技术保障，既有利于企业利用大数据精准匹配游客的个性化需求，也有利于游客收集更多的有利信息，打破了长久以来企业和游客双方信息不对称的问题，进一步促进了旅游需求的增加。

## 5.3 基于移动互联技术的用户生成内容分析①

### 5.3.1 研究问题

移动互联时代，消费者逐渐习惯通过第三方电子商务平台了解产品信息、完成交易支付以及分享消费体验，以文字评论和图片评论为主要形式的用户生成内容，成为网络口碑传播的重要途径，也成为商家与消费者沟通的新兴渠道。因此，有研究指出用户生成内容对消费者行为以及商家绩效的影响受到学术界的重视，尤其在文字在线评论方面积累了丰富的研究成果（Tang，Fang，and Wang，2014；汪旭晖、陈鑫，2018）。有学者通过对文本信息深入挖掘，探讨评论数量、评论长度、星级评分等形式特征，评论极端性、评论主客观性、评论情感等内容特征，以及评论者个性特征对感知有用性、购买意愿和销售绩效的作用机制（Mudambi and Schuff，2010；苗蕊、徐健，2018）。根据双重编码理论（Dual-Coding Theory），处理文本信息的文字系统和处理非语言信息的视觉系统，对人的认知和记忆发挥着不同的作用。有研究认为，相对而言，文字评论逻辑严谨、解释精准，图片评论直观生动、解释形象（Sadoski，Mctigue，and Paivio，

① 节选自孙轻宇，徐健.基于酒店业数据的用户生成图片分享与炫耀动机探究［J］.管理学报，2019，16（10）：1533-1541.

2012)。根据解释水平理论（Construal Level Theory），有研究认为文字和图片代表了心理表征的不同形式，前者通常更为抽象，能够抓住事物的主要特征，主观性更强，而后者保留了事物诸多细枝末节的特征，通常更加具体和客观（Liberman，Trope，and Wakslak，2007；Amit，Algom，and Trope，2009）。

随着数码相机、智能手机、平板电脑等终端设备拍照功能的普及，越来越多的企业网站和电商平台推出图片编辑与上传界面，鼓励消费者发布图片评论。比起商家所提供的经过修饰处理的产品图片，以及很多网站的默认好评功能致使文字评论中好评量虚高的现象，用户发布的有关产品或服务的图片更加客观和可信，能够为评论阅读者的购买决策提供更真实的参考信息。近几年来，敏锐的研究者开始关注用户生成图片的积极作用。有学者认为图片可以更加直观和清晰地展现产品信息，更容易获得潜在消费者的信赖（Ert，Fleischer，and Magen，2016）。也有学者通过太平洋电脑网的评论数据证明含有图片的评论比不含有图片的评论有用性更高（闵庆飞、覃亮、张克亮，2017）。另外有研究表明对于体验型产品，上传了图片的评论直观性更强，可以弥补文字信息的不足，避免信息不对称造成的误解（张艳辉、李宗伟、赵诣成，2017）。还有研究得出以下结论，认为文本与图片的具体程度之间存在着显著的交互作用，并利用4项实验研究验证了图文结合的用户生成内容所传递的产品信息更易于被消费者接受（汪旭晖、张其林、杜航，2018）。

尽管“有图有真相”的认知逻辑得到广泛验证，众多第三方平台陆续加大上传图片评论的奖励力度，但用户生成图片的评论数量并不理想，远远少于纯文字在线评论的数量。相较于发表文字评论，用户生成图片的操作更为复杂和烦琐，需要用户花费更多的时间和精力，如何激发用户发表图片评论的热情，成为企业和电商平台关注的焦点。马瑟思博和霍金斯（2018）基于动机理论认为动机是个体产生某种行为的原因，是促使行为发生并为行为提供目的和方向的动力。因此，厘清内在动机是有的放矢地促进用户生成图片的关键。现有研究大多采用问卷调查的方法获取消费者动机数据，认为分享信息、帮助他人、自我实现、归属感等多种动机会促进消费者发表评论（Hennig-Thurau et al.，2004；Park and Chung，2011；Cheung and Lee，2012）。此类研究一方面受到被调查者主观感知的影响，与消费者发表在线评论的真实体验存在差距；另一方面都是以文本评论为研究对象，并未讨论用户生成图片的动机。消费者发表图片评论究竟是为了帮助他人、分享消费体验，还是为了炫耀消费过程、实现自我满足，抑或是两者兼而有之？现有研究并未予以关注。

为回答上述问题，本书在借鉴网络口碑传播动机的基础上，归纳出消费者分享动机和炫耀动机的衡量变量，以携程网海量酒店评论信息为依据，为更真实地反映用户生成图片的倾向，以含有图片的评论数与评论总数的比值作为因变量，并采用计量经济方法进行验证。另外，本书选取酒店业作为研究背景，主要基于以下几点考虑：（1）酒店作为典型的体验型服务产品，具有生产和消费同时进行以及易逝性的特点，消费者在体验具体产品之前，无法准确评估服务质量；在购买之后即使不满意，也无法退换产品，因此消费者参考和发布在线评论的意愿强烈。（2）不同酒店间的服务质量和价格差距较大，用户生成内容的分享和炫耀动机都可能存在。（3）酒店是网络预订最早兴起的行业之一，消费者通过网络预订和搜索酒店的习惯早已形成，平台电商和酒店对于在线信息的管理也较为规范，方便本书通过爬虫软件从携程网中抓取多元化的数据信息。

### 5.3.2 理论讨论与研究假设

1）网络口碑的传播动机

部分学者指出网络口碑是指消费者通过网络平台，开展关于产品、品牌、服务或企业的非正式信息沟通和非商业性的人际传播方式。移动互联技术的高速发展，使得网络口碑传播的用户生成内容更加丰富，包括文字、图片、音频、视频等多种形式；传播渠道也更加广泛，微博、微信、社交网站、专业论坛、在线评论等多种应用为消费者交流和搜集产品信息提供了便利（Cheung and Lee，2012）。也有学者认为，消费者行为领域的众多研究表明口碑传播能够降低消费者购买的不确定性，尤其是在体验型产品购买决策中其可以提供参考信息（Trusov，Bucklin，and Pauwels，2009）；还有学者指出相较于传统口碑，网络口碑突破了时空的束缚，扩散速度和传播效果更加惊人，因此探讨消费者网络口碑传播的内在动机，有利于企业和电商平台制定相应的营销策略（Bickart and Schindler，2001）。现有研究主要集中在对传播动机的理论解释和分类检验两个方面。

网络口碑传播行为的理论解释基于两种相对立的观点：观点一以社会交换理论、归因理论、期望价值理论等计划行为理论为基础，认为消费者的传播行为受到交换活动所带来的利益或者内外部刺激因素的影响，是行为意向的直接结果，具有理性和计划性（陈君、何梦婷，2017）。观点二以冲动行为理论、自我决定理论为基础，认为网络口碑传播借助于移动互联设备，即时信息分享是其区别于传统口碑的主要特点，此时的信息分享很容易缺少充分的理性思考，更倾向于事先无计划甚至非理性的冲动行为，而情绪是驱动冲动行为的主要因素（Wang，Zhou，and Jin，2017）。目前，很少有学者将两种观点相整合，从理性和非理性双重视角探索消费者的网络口碑传播动机。

Hennig-Thurau 等（2004）对网络口碑传播的动机研究具有开创性，基于对2 063名用户的调查问卷信息，将消费者的网络口碑动机归纳为四项，分别为社会互动、经济利益、帮助其他消费者和自我价值提升。在此基础上，美国学者Dellarocas等（2007）利用在线影评数据开展了一系列研究，认为用户发表在线评论的动机分别为自我涉入、他人涉入、产品涉入和信息涉入。自我涉入动机是指口碑传播者希望获取他人关注、展现自己的鉴赏力、彰显地位和优越性的心理需要；他人涉入动机强调消费者为了帮助他人制定更加合理的购买决策，而分享产品信息；产品涉入动机与消费者直接的产品体验有关，尤其在极端积极或消极体验后，更会发表评论；信息涉入动机是指消费者受到广告、公共关系或其他营销手段的刺激而进行网络口碑传播。从相关动机描述中可以发现，自我涉入和他人涉入属于消费者内在动机，与消费者自身的心理需要相关；而产品涉入和信息涉入属于外在动机，受到产品、信息、广告、经济利益等外在营销手段的影响。此外，有学者进一步指出由于网络口碑传播是通过用户参与虚拟社区的社会化活动来实现，归属感、群体互惠等社会动机也逐渐受到关注和验证（Cheung and Lee，2012）。

很多学者针对网络口碑的不同渠道如微博、在线评论等的传播动机进行探讨，虽然从形式上看，动机的分类并未形成统一共识，但从不同变量的本质内涵上看，主要从消费者的内在动机、外在动机和社会动机三个方面构成网络口碑传播的核心动机，相关文献归纳见表5-1。在以往动机研究中，关注对象大多集中于文字性的网络口碑信息，缺乏对图片、视频、音频等其他表现形式的用户生成内容的研究，并且问卷调查方法占主导，较少采用真实的网络数据予以探究。基于此，本书聚焦于用户生成图片，从理性和非理性的双重视角考虑消费者的内在动机，其中，从理性视角探讨消费者的分享动机，认为消费者在上传图片前为了帮助他人、分享稀缺信息等目的会进行理性思考，主要体现为网络口碑传播框架中的他人涉入动机；从非理性视角探讨消费者的炫耀动机，认为消费者上传图片受到即时情绪的影响，体现为网络口碑传播框架中的自我涉入动机，并从携程网抓取真实的评论数据为计量分析提供依据。

表 5-1　　**网络口碑传播动机的重要研究文献分析**

| 研究文献 | 研究设计 | | 内在动机 | | 外在动机 | | 社会动机 |
|---|---|---|---|---|---|---|---|
| | 方法 | 对象 | 自我涉入 | 他人涉入 | 产品涉入 | 信息涉入 | |
| Hennig-Thurau 等 | 问卷调查 | 网络口碑 | √ | √ | | √ | √ |
| Park 等 | 问卷调查 | 在线游戏 | √ | | √ | | √ |
| Cheung 等 | 问卷调查 | 网络口碑 | √ | √ | | | √ |
| 陈君等 | 问卷调查 | 网络口碑 | | √ | | √ | √ |
| Dellarocas 等 | 计量经济 | 在线评论 | | | √ | √ | |
| Dellarocas 等 | 计量经济 | 在线评论 | √ | √ | | √ | |
| Trammell 等 | 问卷调查 | 博客 | √ | | | | √ |
| Huang 等 | 问卷调查 | 博客 | √ | | | √ | √ |
| Jung 等 | 问卷调查 | 微博 | √ | | | | |
| Lee 等 | 问卷调查 | 社交媒体 | √ | | √ | | √ |
| Kim 等 | 问卷调查 | 社交媒体 | √ | | √ | | √ |
| Tong 等 | 问卷调查 | 在线评论 | √ | √ | | √ | |
| 王雨心等 | 问卷调查 | 微博 | √ | | | | √ |

资料来源：根据相关资料整理。

2）分享动机相关讨论

相关研究指出网络口碑传播打破了传统口碑在时间和空间上的限制，使得用户之间分享的信息和知识，可以被数字媒体长期留存和累积，从而为他人反复阅读提供便利（Bickart and Schindler，2001）。这种便利促使网络平台为每一位普通消费者提供了可以倾听、参与和发表话语的虚拟空间。用户生成内容的意愿与发表观点的独特性密切相关，这也是当下消费者主权时代的显著特征，每个个体都希望自己的声音被他人倾听，都希望自己的观点与众不同。Dellarccas 等（2010）首次提出产品可获得性变量，以衡量产品是否具有稀缺性和独特性，认为产品可获得性越大，消费者能够在市场上获取该产品的渠道越丰富，购买该产品的方式也越便利。消费者的分享意愿往往建立在理性思考的基础上，从利他主义动机出发，更愿意选择具有稀缺性和独特性的产品分享消费体验。比起广泛分布的大众化产品，此类产品的可获得性有限，其他消费者能够搜寻到的有用评论较少。也有学者认为用户生成图片需要花费更多的时间和精力，分享可获得性较低产品的图片信息，对于其他消费者而言更具参考价值，信息分享者在为他人提供信息和帮助的过程中也能够获得更大的愉悦感和满足感（Cheung and Lee，2012；陈君、何梦婷，2012）。总之，当产品可获得性较低时，消费者更愿意发表图片评论，以达到分享稀缺信息的目的。

有学者指出品牌声誉也被认为会显著影响消费者在线分享信息和体验的意愿（Amblee and Bui，2008）。由于买卖双方的信息不对称，消费者在确定购买决策之前，尤其是在需要亲身体验的服务产品购买之前，难以准确评估产品的质量。部分学者认为品牌声誉是在大量消费者长期口碑传播中形成的产品评价标准，成为消费者理性判断产品质量的可靠信号，通过作用于消费者态度来影响其分享行为。当品牌声誉较高时，能够反映出产品良好的品质，有利于消费者形成积极的态度、更愿意分享用户体验，促使消费者上传图片信息，让更多的消费者增强对产品购买的信心（廖俊云、黄敏学，2016）。而当品牌声誉较低时，消费者则会对产品形成消极的态度，甚至产生抱怨的情绪，分享糟糕的购物体验，通过图片证明自己的消极印象，从而帮助其他潜在用户避免发生负面的消费体验。因此，提出如下假设：

假设 1：产品可获得性与用户生成图片负相关，即产品可获得性越低，用户生成图片的可能性越大。

假设2：品牌声誉与用户生成图片呈U形曲线关系，即当品牌声誉较低或较高时，用户生成图片的可能性越大。

3）炫耀动机相关讨论

有研究指出，信息经济学中的信号理论认为产品的档次、价格、品牌等信息，可以作为产品质量的诊断性信号，为消费者形成购买决策提供重要线索（Sun and Monic，2012）。高档高价的产品往往可以成为消费者身份地位的象征，购后发表相关评论，可以彰显自身的品位和个性。近年来，奢侈品消费在中国快速膨胀，中国消费者已经撑起了全球奢侈品消费1/3的贡献值[①]。也有学者指出消费者购买高档高价的奢侈品，大多出于一种彰显的、炫耀性动机，借此满足特定的心理需求，如彰显地位和声望、提升自尊、树立自信、自我价值肯定、满足虚荣等，而网络媒体的发展更是为炫耀性消费推波助澜（Rucher and Galinsky，2008）。部分研究表明人类的认知模式以视觉信息为主，这预示着图片相较于文字，更能将产品华丽的外表、精准的细节展现出来（汪旭晖、陈鑫，2018；Amit，Algom，and Trope，2009）。情感是在线非理性行为的重要前置因素，炫耀动机作为强烈的情感表达，驱使消费者产生冲动行为，将图片上传于网络，晒出高档高价的产品，可以让自己看起来更有面子。因此，提出如下假设：

假设3：产品档次与用户生成图片正相关，即产品档次越高，用户生成图片的可能性越大。

假设4：价格与用户生成图片正相关，即价格越高，用户生成图片的可能性越大。

① 卜览，DURAND-SERVOINGT B，KIM A.2017中国奢侈品报告［R/OL］.［2024-11-15］.https：//www.mckinsey.com.cn/2017中国奢侈品报告-中国奢侈品消费者：1万亿元人民/.

4）控制变量

有学者认为除了分享和炫耀动机，大量研究表明获取社会认同感和归属感，也是网络口碑传播的重要驱动因素，更多评论者参与的虚拟社区会激发用户生成内容的热情，这也与社会心理学中讨论的从众效应理念一致（Cheung and Lee，2012；殷国鹏，2012）：阅读他人的评论会促使自己也发表观点。规模较大的企业，购买和知晓产品的消费者会较多，相关的网络虚拟社区的规模也会较大，因此用户发表在线评论和上传图片的意愿会更加强烈。

产品成熟度被用来衡量处于生命周期不同阶段的产品状况，对于网络口碑传播意愿的影响作用，现有研究还存在分歧。部分学者认为大量消费者属于"跟随者"，往往在产品生命周期的晚期才购买产品，此时才会有更多的消费者愿意分享信息（汪旭晖、张其林、杜航，2018）；还有学者认为随着新产品上市时间的推移，产品的相关信息会通过多种渠道发布，从而线上评论的口碑效应会减弱，用户生成内容的意愿也会减弱（Ho-Dac，Carson，and Moore，2013）。

基于此，为了更好地验证研究假设，本书选择企业规模和产品成熟度作为控制变量引入计量模型（如图5-2所示）。

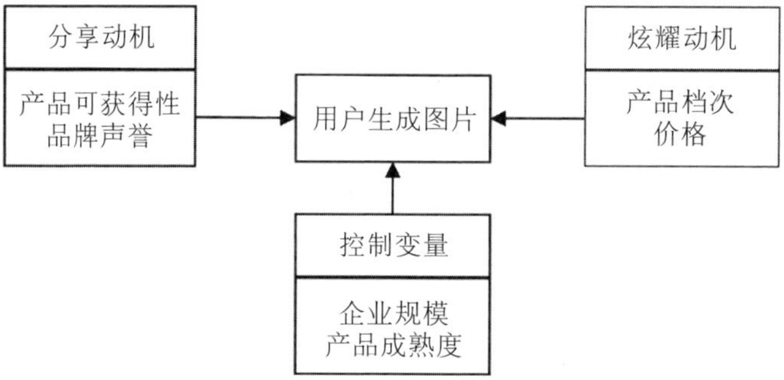


**图5-2 用户生成内容分享与炫耀动机的研究框架**

资料来源：根据相关资料整理。

### 5.3.3 实证设计

1）数据搜集与预处理

本书采用的数据来源于携程网，作为一家中国领先的提供酒店预订、机票预订、旅游度假、商旅管理及旅游资讯在内的综合性旅行服务网站，携程网为消费者发表和查看评论提供了多功能的在线评论系统。携程网要求只有在3个月内实际入住过酒店的注册会员才具备评论资格，以此保证网上在线评论数据的真实性，使得该网站成为比较理想的在线评论数据来源，这也是本书选择携程网抓取数据的主要原因。

本书利用自主开发的Java爬虫程序，抓取了携程网2015年1月1日至2017年6月30日之间北京市3 626家酒店门店的2 521 615条在线评论数据，其中包括酒店名称、酒店星级、平均评分、每种客房最低价格等酒店层面信息，以及各酒店每条评论的星级评分、文字评论、图片、评论者等级、评论日期、有用投票数等在线评论层面信息。为保证研究的合理性和有效性，首先按照以下标准对在线评论层面信息进行过滤，剔除相关评论样本：（1）评论的星级评分为0；（2）评论缺少文本内容；（3）非携程网用户发布的在线评论（如去哪儿用户、艺龙用户）。在此基础上，进一步按照以下标准对酒店层面信息进行过滤，剔除相关酒店样本：（1）酒店评论总数为1；（2）缺失开业年份；（3）缺失客房数。最终确定北京市3 506家酒店作为研究样本，并保留2 347 623条有效评论数据。

2）变量说明

本书的计量模型共包括7个变量，各变量的测量指标见表5-2。用户生成图片作为因变量，用以考察消费者上传图片的实际情况。以往研究主要通过设计0、1变量来测度是否发图，或者用含有图片的评论数测度发图情况。为了聚焦于发表图片动机的分析，需要将发表文字评论的影响过滤掉，因此借鉴Dellarocas等（2010）的操作化方式，用一家酒店含有图片的评论数占评论总数的比值来测度，以此消除评论总数的影响。

表5-2 用户生成内容动机的变量与测度指标

| 变量类别 | 变量名称 | 测度指标描述 |
|---|---|---|
| 因变量 | 用户生成图片 | 含有图片评论数与评论总数的比值，取值为0~1 |
| 自变量 | 产品可获得性 | 连锁酒店，取值为1；非连锁酒店，取值为0 |
| | 品牌声誉 | 酒店用户评分的平均值，取值为1~5 |
| | 产品档次 | 3星级以上酒店（含3星级），取值为1；<br>3星级以下酒店，取值为0 |
| | 价格 | 酒店每种房型最低价格的平均值 |
| 控制变量 | 企业规模 | 酒店客房数 |
| | 产品成熟度 | 2017与酒店开业年份之间的差值 |

资料来源：根据相关资料整理。

携程网涉及的酒店种类繁多，既有全国性连锁酒店，也有非连锁的单体酒店，这两类酒店对于消费者而言，在可获得性上存在显著差别。本书根据中国旅游饭店业协会联合上海盈蝶酒店管理咨询有限公司公布的《2016中国酒店连锁发展与投资报告》中提供的2016中国酒店集团规模50强、2016中国连锁酒店品牌30强、2016外资酒店集团品牌规模30强榜单来判断样本酒店是否为连锁酒店。将746家连锁酒店作为高可获得性产品，编码为1；将2 760家非连锁酒店作为低可获得性产品，编码为0。携程网可以显示每家酒店的用户评分平均值，以综合表示所有用户对酒店的评价，能够很好地反映出基于大众口碑而建立的品牌声誉。产品档次通过酒店星级来衡量，在我国三星级以上酒店属于中高端产品类别，需要在国家旅游管理部门备案或审核，因此将星级大于等于3的225家酒店作为高档酒店，编码为1；其他3 281家酒店作为低档酒店，编码为0。每家酒店会提供不同的房型，如大床房，双床房、家庭房等，每种房型的价格不同；而每种房型针对VIP会员、普通会员、散客等的价格也不相同，其中VIP会员的价格是最低价格，也比较稳定，因此本书通过计算酒店每种房型最低价格的平均值来衡量酒店的总体价格。控制变量中的企业规模用酒店客房数来测量，由于本书数据搜集时间截止于2017年，因此产品成熟度用2017与酒店开业年份之间的差值计算得出。

变量的描述性统计分析结果见表5-3，可以看出用户生成图片的平均比例较低，每家酒店平均只有7.4%的在线评论是含有图片的。另外，不同酒店之间在价格、规模和成熟度方面差异较大，体现在最大值与最小值之间的差距上。可获得性高的连锁酒店占比为21.3%，三星级及以上酒店占比为6.4%，品牌声誉的平均值较高，达到4.118。

表5-3　　　　**用户生成内容动机的描述性统计**

| 变量名 | 最小值 | 最大值 | 平均值 | 标准差 |
|---|---|---|---|---|
| 用户生成图片 | 0 | 1 | 0.074 | 0.082 |
| 产品可获得性 | 0 | 1 | 0.213 | 0.409 |
| 品牌声誉 | 1 | 5 | 4.118 | 0.547 |
| 产品档次 | 0 | 1 | 0.064 | 0.245 |
| 价格 | 26 | 6 372 | 336 | 367 |
| 企业规模 | 1 | 1 666 | 90 | 101 |
| 产品成熟度 | 1 | 100 | 6.958 | 7.260 |

注：产品可获得性=1的样本数为746；产品档次=1的样本数为225。

资料来源：根据相关资料整理。

### 5.3.4 结果分析

1）模型设定

因变量用户生成内容是一个典型的受限变量，通过计算带图片评论数与总评论数的比值获得，其取值范围在0和1之间。在3 506家样本酒店中，有271家酒店没有图片评论，也就是说这些样本只有完备的自变量信息，因变量信息用户生成图片都被归并为0，属于受限因变量回归模型，采用Tobit模型对样本数据进行统计分析最为合适。为了去除各变量取值量纲的影响，本书对取值范围较大的三个变量，即价格、企业规模和产品成熟度进行了取自然对数的处理。结合研究框架，Tobit回归模型设定如下：

$$U = \beta_0 + \beta_1 A + \beta_2 B + \beta_3 B^2 + \beta_4 G + \beta_5 P + \beta_6 S + \beta_7 M + \mu \quad (1)$$

公式（1）中，$U$代表用户生成图片，$A$代表产品可获得性，$B$代表品牌声誉，$G$代表产品档次，$P$代表取自然对数后的价格，$S$代表取自然对数后的企业规模，$M$代表取自然对数后的产品成熟度，$\beta_i$（$i$=0–7）和$\mu$均为待估计参数。

由于假设1、假设3和假设4都是检验变量的线性关系，直接将自变量产品可获得性、产品档次和取自然对数的价格输入Tobit回归模型；而假设2需要检验品牌声誉与用户生成图片的U形曲线关系，因此需要将品牌声誉和品牌声誉的平方项引入回归模型，按照U形曲线关系原理，需要证明品牌声誉呈现负向影响，而品牌声誉的平方项呈现正向影响，以此验证品牌声誉较高或较低的产品更会引发消费者发表图片评论的假设。

为了评估研究结果的稳健性，本书以用户生成图片的对数作为因变量，使用普通最小二乘回归（OLS）作为替代性计量方法，对研究假设进行检验。在回归分析中，对用户生成图片取对数的原因在于：用户生成图片是一个比例变量，取对数后才近似符合正态分布，如图5-3和图5-4所示。根据OLS回归分析原理，只有因变量符合正态分布的假定，才能保证最小二乘估计量是最优无偏估计量。

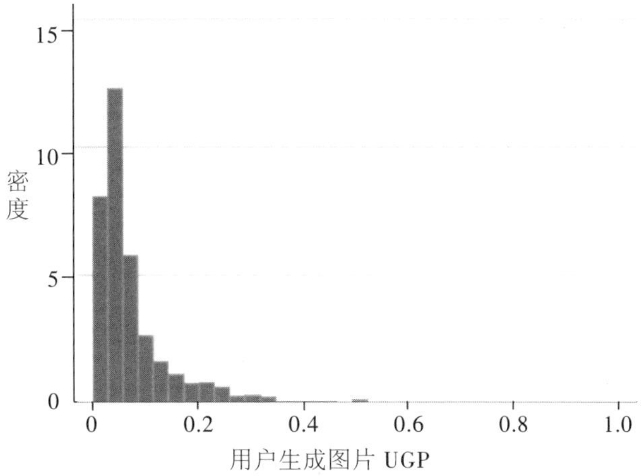


**图5-3　用户生成图片的直方图**

资料来源：根据相关资料整理。

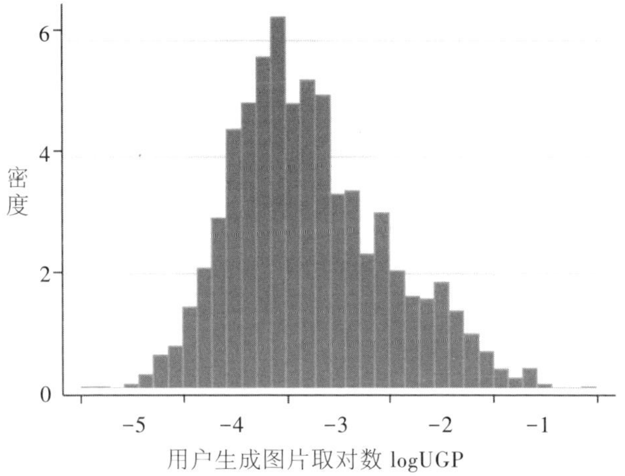


**图5-4　用户生成图片取对数的直方图**

资料来源：根据相关资料整理。

2）模型检验

本书采用分层回归的方法检验自变量对用户生成图片的影响，首先将控制变量加入模型中进行分析，再将控制变量和自变量共同加入模型，并分别使用Tobit回归、OLS回归两种方法对模型进行检验，结果见表5-4。Tobit回归模型的拟合度通过Log Likelihood参数进行检验，OLS回归模型的拟合度通过R2参数进行检验，对比模型1和模型2，以及模型3和模型4，可以看出加入自变量后，模型的解释程度均有所提升、拟合度更优。

表5-4　　**用户生成内容动机的模型回归结果**

| 变量 | Tobit（UGP） | | OLS（Log UGP） | |
|---|---|---|---|---|
| | 模型1 | 模型2 | 模型3 | 模型4 |
| 控制变量 | | | | |
| 企业规模 | -0.024*** | -0.027*** | -0.312*** | -0.285*** |
| 产品成熟度 | -0.016*** | -0.016*** | -0.188*** | -0.208*** |
| 自变量 | | | | |
| 产品可获得性 | | -0.026*** | | -0.428*** |
| 品牌声誉 | | -0.041* | | -1.603*** |
| 品牌声誉2 | | 0.009*** | | 0.236*** |
| 产品档次 | | 0.009 | | 0.097* |
| 价格 | | 0.026*** | | 0.169*** |
| $R^2$ | — | — | 0.269 | 0.383 |
| Log likelihood | 3 254.363 | 3 461.741 | — | — |

注：***P<0.001，**P<0.01，*P<0.05（双尾检验）。

资料来源：根据相关资料整理。

利用Tobit回归对模型进行计量分析时，左归并点为0，共271个样本；右归并点为1，共2个样本；另有3 233个样本未被归并。从Tobit回归模型2中可见：（1）产品可获得性对用户生成图片呈显著负向影响（$\beta = -0.026$，$P < 0.001$），说明用户生成图片的比例随产品可获得性的增加而降低，假设1得到验证，这一结论与相关研究关于发表文字在线评论动机的研究结论相一致，认为产品可获得性越高，消费者发表评论的可能性越低（Dellarocas，Gao，and Narayan，2010）。（2）品牌声誉对用户生成图片呈显著负向影响（$\beta = -0.041$，$P < 0.5$），品牌声誉的平方项对用户生成图片呈显著正向影响（$\beta = 0.009$，$P < 0.001$），说明品牌声誉与用户生成图片的比例呈U形曲线关系，假设2得到验证。品牌声誉是消费者口碑长期积累的结果，因此本书采用酒店用户评分的平均值来衡量，U形曲线关系表明极端评分（评分较高或较低）会促进用户发表图片在线评论，这与以往研究认为积极或消极的购物体验更容易引发口碑传播的结论相一致（Dellarocas，Zhang，and Awad，2007）。（3）产品档次的回归系数为正，但并不显著，说明产品档次与用户生成图片之间的关系并不明显，假设3没有得到验证。（4）价格对用户生成图片呈显著正向影响（$\beta = 0.026$，$P < 0.001$），说明价格越高，消费者产生炫耀动机的可能性越大，用户生成图片的比例也会越大，假设4得到验证。（5）控制变量企业规模和产品成熟度对用户生成图片具有显著的负向影响作用，且在0.1%的水平下显著，说明规模越小、产品成熟度越低的企业，越容易引发用户发表图片评论，这也体现了消费者愿意分享的心理动机，即在产品生命周期的早期阶段，对难以获得和不熟悉的产品上传图片，以达到帮助他人获取信息的目的。

稳健性检验的OLS回归结果见表5-4。当用户生成图片取对数后，作为因变量的估计结果与原有测量结果基本一致，只是在产品档次正向影响的显著性方面存在差异：Tobit回归结果表明产品档次的正向影响不显著，而OLS回归结果中，产品档次的回归系数虽然显著为正，但显著水平并不高，只在5%的水平下显著。

### 5.3.5 结论与启示

1）研究结论

本章围绕用户生成图片的内在动机这一核心问题，整合网络口碑传播行为解释的两种对立观点，利用携程网搜集到的酒店数据对研究假设进行检验。研究结果表明消费者发表在线图片评论既具有理性和计划性，从利他主义出发，分享信息；也会呈现网络口碑传播的非理性和冲动性，从利己主义出发，炫耀消费。研究结论的相关解释如下：

（1）从分享动机来看，产品可获得性对用户生成图片产生显著负向影响，品牌声誉与用户生成图片呈U形曲线关系。低可获得性产品更具有独特性和稀缺性，消费者能够获取的产品信息有限，更能激发用户分享图片的动机，从而在帮助其他消费者掌握产品信息的同时，满足自己发表独特观点的意愿。品牌声誉作为消费者判断产品质量的重要信号，作用于消费者态度来影响其分享行为，较高或较低的品牌声誉会促使用户将自己积极或消极的购物体验分享给其他消费者，而图片比文字更能传递产品客观真实的信息，因此“有图有真相”的认知逻辑会促使消费者对于较高或较低品牌声誉的产品，分享更多的图片信息。

（2）从炫耀动机来看，价格对用户生成图片产生显著正向影响，而产品档次的正向影响作用不显著。这可能与本书选择酒店业作为研究背景有关，相较于酒店星级，价格能够更加直观地体现酒店的档次和质量，满足消费者炫耀身份地位、消费能力、生活品位等社会心理需求。

2）管理启示

本书结果表明用户生成图片受到分享与炫耀双重动机的影响，企业在管理网络口碑时，要全面衡量促进用户上传图片的心理动机：对于中低价格的产品，要在促进消费者分享动机方面下功夫，差异性和独特性是吸引消费者发表图片的关键，尤其像连锁酒店这样可获得性高的体验型产品，各个门店需要依据时节、地理位置、周边环境的特色在设施、装修、服务等环节的某些细节方面开展特色经营，不断给消费者带来新鲜的消费体验，而不是死板地采取标准化的经营模式，从而加大消费者在线分享图片的意愿。高价格产品具有令消费者炫耀身份、地位的天然优势，因此企业可以为消费者拍照提供方便，如在酒店设立最佳拍摄点、对酒店特色服务标注提示信息等；也应该为此类产品设计更多方便用户上传图片的网络空间，如企业网站和第三方平台可以为旗下奢侈品牌开辟讨论专区、对上传图片用户采用实名制管理等。

另外，本书实证结果表明产品可获得性、品牌声誉、价格、企业规模和产品成熟度等多重因素会影响用户生成图片的意愿，因此电子商务平台和第三方评论网站对于不同的产品，应该采取差异化的奖励措施鼓励消费者上传图片，如对于可获得性较高、品牌声誉和价格处于中等水平，以及上架时间较久的产品，需要加大上传图片的奖励力度，通过外部激励的手段弥补消费者内在动力的不足。然而目前电商平台尚未对消费者上传图片展开差异化的管理，有些平台是采用统一的激励措施鼓励上传图片，如携程网采用给予50积分的奖励办法鼓励买家上传图片；多数平台并未对文字和图片在线评论给予不同的奖励办法，如淘宝、京东等。

第 6 章

# 文旅产业高质量发展路径三：市场化

市场化是文旅企业在中国经济发展进入新时代的背景下，激发企业活力、提高企业经营效率的重要前提。文旅企业要获得长远发展，必须坚持市场在资源配置中的决定性作用，让各种生产要素如资本、土地、劳动力等发挥最大效用，尤其需要重视资本的最大化增值，通过资本运营、混合所有制改革、股权结构优化来推动资本要素的市场化进程（如图6-1所示），推动资本市场的健康发展，助力文旅企业进步，进而保证发展结果惠及全体人民。

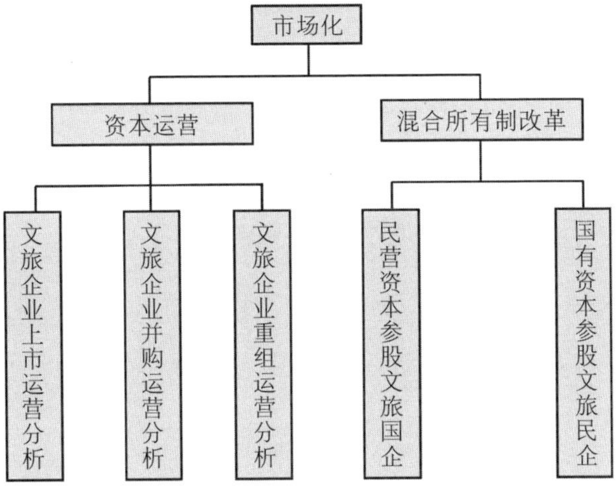


**图6-1　文旅产业高质量发展路径：市场化**

资料来源：根据相关资料整理。

## 6.1　文旅企业资本运营分析

资本运营就是利用一切可以使企业本身实现增值的所有资源，来实现资本增值的最终目标，企业可利用的资源既有自身内部的产业资产，也包括利用内部资本结合的外部资源，通过整合内外部资源来实现资本的扩张，主要方式包括上市、并购、重组、融资租赁等，本节将重点介绍文旅企业的上市、并购和资产重组这三种运营方式。

### 6.1.1 文旅企业上市运营分析

1）文旅企业上市运营相关研究

我国社会主义市场经济体制建立以来，上市成为大多数企业普遍追求的目标之一，更是资本运营的重要组成部分。上市简单来说就是通过证券交易所向市场发行股票以筹集资金的过程。相关研究认为，文旅企业上市是打破融资桎梏的方法之一，以较低的成本获取大额资金是企业扩大生产、改善经营环境的一大助力；上市也会对企业的经营绩效产生明显的改善作用（魏成龙等，2011），尤其在上市后的临近时间段内，绩效提高的效果更加明显（刘美玉、王云恺，2011）；上市在带来资金支持的同时，还会带来品牌效应，提高知名度和可信度，有利于企业获得更多的支持和更大的发展。

2）云南旅游案例分析

云南旅游股份有限公司（简称“云南旅游”，股票代码：002059），成立于2000年，2006年8月，在深圳证券交易所成功上市。云南旅游是由云南世博集团有限公司作为主发起人，联合多家企业共同发起设立的股份有限公司。公司以旅游产业为核心，业务涵盖景区运营、旅游地产、园艺业务、物业服务等领域。公司以云南丰富的旅游资源为依托，致力于打造观光、休闲、度假一体的旅游服务区。

云南旅游得益于首次公开募股筹集到的大量资金，推动了改造景区、完善基础设施、开发新项目、宣传推广等方面的后续工作。面对日益激烈的市场竞争，公司加大旅游产品的创新开发力度、引入高科技互动设施，借以改造昆明世博园等核心景区，以特色产品供给提高了景区的竞争力和消费者的重游率。此外，公司高度重视与旅行社、在线旅游平台等建立合作关系，多方合作，以系列特色组合产品、优惠活动吸引了大批游客，相关举措取得了不错反响。在2006—2008年间，云南旅游的营业收入持续增加，净利润，净资产和总资产相较于2005年也有了较大提升（如图6-2所示）。

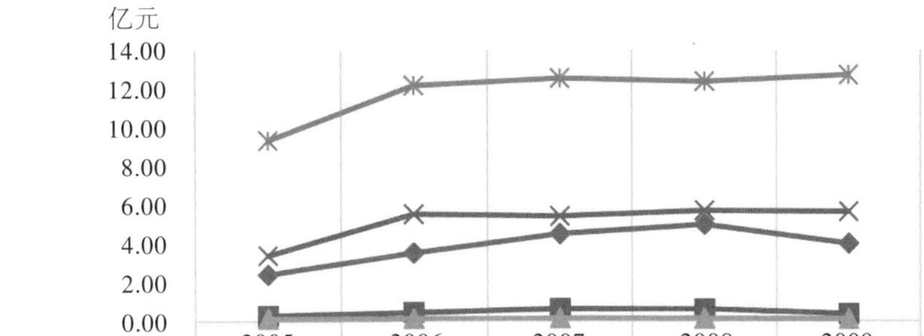


| | 2005 | 2006 | 2007 | 2008 | 2009 |
|---|---|---|---|---|---|
| 营业收入 | 2.40 | 3.52 | 4.51 | 4.98 | 4.00 |
| 净利润 | 0.28 | 0.45 | 0.65 | 0.60 | 0.35 |
| 净利润率 | 11.67% | 12.78% | 14.41% | 12.05% | 8.75% |
| 净资产 | 3.38 | 5.52 | 5.43 | 5.70 | 5.65 |
| 总资产 | 9.34 | 12.18 | 12.55 | 12.39 | 12.72 |

**图6-2　2005—2009年云南旅游财务指标折线图**

资料来源：云南旅游股份有限公司年度报告（2005—2009）。

上市为云南旅游带来的不仅是融资能力的增强，更提高了企业的知名度，吸引到了更多的合作伙伴和消费者，云南旅游也借助此次上市机会，树立了自身品牌形象。上市以后，云南旅游在资金和品牌形象得到保证的前提下，进一步拓展了接送服务和观光巴士业务，获得了消费者的青睐。根据相关统计数据，云南旅游到2008年已经成长为当时国内前十的企业，总资产在旅游上市企业中排名第七，营收排名第十，可以说，云南旅游从2006年上市以来，三年间交出了一份不错的答卷。

云南旅游上市为文旅企业的发展提供了示范，旅游业长期以来存在的资本投入大、融资困难、资源整合能力差等问题可以通过上市运营得到一定程度的解决。现有研究表明，文旅企业上市可以解决如下问题：第一，企业的融资难问题。因为文旅企业普遍存在净利润率水平较低的弊端（程露悬、黄福才，2010），企业在融资时往往不受信任，资金短缺困扰着大多数文旅企业。云南旅游通过上市筹集到大量资金，为企业在产品供应和设备升级等方面提供了物质基础。第二，提高品牌宣传影响力。文旅企业上市，企业信息会以股市为中心，借助股民不断向外传播。例如中青旅作为传统的旅行社业务提供者，也利用1997年在上海证券交易所上市的契机，一方面整合传统旅行社业务，另一方面，提高了其在景区开发等方面的曝光度，使得自身在市场上得到了广泛认同。第三，提高财务绩效，在国有控股企业中绩效提升更为明显（郑志刚、成为、许荣，2014）。文旅企业上市往往代表着更加积极的市场参与，市场在资源配置中起决定性作用，也代表着企业对于盈利这一目标的强烈追求。2006年上市以来，云南旅游的营业收入和企业总资产较2005年有了明显增长。所以，抓住发展机遇，在企业发展允许的前提下推动企业上市，对于文旅企业来说，不失为增强企业竞争力的有效途径。

### 6.1.2 文旅企业并购运营分析

1）文旅企业并购运营相关研究

并购是实现企业快速发展的重要方式之一（Li等，2018），主要包括企业的兼并和收购，其目的是实现企业资本的最大化增值。国内外研究认为，企业并购会显著减少企业的交易费用（Cuypers等，2021），通过并购将成本较高的外部交易转变为成本较低的内部交易，节约信息搜集成本、监督成本等，同时，并购会进一步扩大企业规模，带来规模经济效应（Gudmundsson，Merkert，and Redondi，2020）。文旅企业大多从事多元化经营，业务经营横跨吃、住、行、游、购、娱等多个领域，并购相关联的企业有助于降低市场壁垒，推动业务拓展，从而降低经营成本，最终会提升企业绩效。另外，并购可以有效增加企业的市场份额，进一步整合行业资源（Grullon，Larkin，and Michaely，2019），这意味着企业之间的资源、市场能够实现共享，市场份额的扩大是显而易见的。值得注意的是，并购业务关联程度低的企业往往不会带来显著的正向收益（段正梁、危湘衡，2013）。

2）宋城演艺案例分析

宋城演艺发展股份有限公司（简称"宋城演艺"，股票代码：300144)，成立于1994年，于2010年在深交所创业板上市。公司以"文化演艺+旅游"为特色，建造了大量演艺公园、文化景区，配合上百场文艺演出吸引大量游客。2010—2020年，宋城演艺连续获得"全国文化企业三十强称号"，并在2024年再一次摘得这一荣誉，足以证明该公司的雄厚实力，在文旅市场上占据一席之地。

上市募集到的大量资金为宋城演艺的并购活动提供了物质保障。2015年，宋城演艺出资16.12亿元收购了"北京太阳庄"所有股权和六间房62%的股权，六间房的加入弥补了宋城演艺线上演艺业务的缺失，通过线上、线下相结合的方式，丰富了企业的产品供给，借助网络平台并且结合虚拟现实技术，打造线上直播，扩大了自身的业务范围。六间房的加入，除了带来线上业务的拓展，也加强了宋城演艺的线上宣传能力。宋城演艺凭借自身在长期发展中积攒的忠诚顾客流量，对六间房进行线上推广，同时利用六间房的互联网流量进行线下演艺业务的宣传推广，由此达到双赢的目标。

值得注意的是，在2015年完成对六间房的并购之后，宋城演艺的营业收入连续三年实现增长，从2015年的16.95亿元增长到2018年的32.11亿元，增长了近1倍。总资产从2015年的69.87亿元持续增长，2019年达到110.41亿元；净利润也呈现上涨状态，2015年净利润为6.54亿元，2019年的净利润为13.65亿元，上涨幅度超过1倍。从2015—2019年宋城演艺重要财务指标的变化情况来看，宋城演艺并购之后的营业绩效十分可观。另外，2015年以来的营业收入和净利润的增长不只是规模扩大带来的数量增长，企业的盈利能力也得到了明显提升，净利润率从38.58%增长到52.26%，净利润率超过50%。从整体来看，企业的盈利能力显著提高（如图6-3所示）。

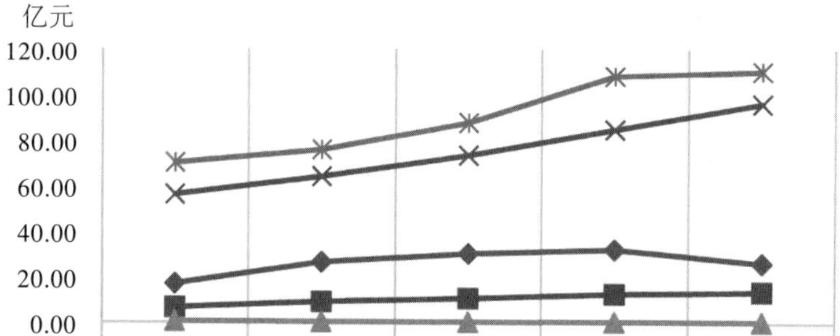


| | 2015 | 2016 | 2017 | 2018 | 2019 |
|---|---|---|---|---|---|
| 营业收入 | 16.95 | 26.44 | 30.24 | 32.11 | 26.12 |
| 净利润 | 6.54 | 9.16 | 10.69 | 12.78 | 13.65 |
| 净利润率 | 38.58% | 34.64% | 35.35% | 39.80% | 52.26% |
| 净资产 | 56.03 | 64.04 | 73.30 | 84.71 | 96.14 |
| 总资产 | 69.87 | 75.67 | 87.55 | 108.16 | 110.41 |

**图6-3　2015—2019年宋城演艺财务指标折线图**

资料来源：宋城演艺股份有限公司年度报告（2015—2019）。

宋城演艺并购六间房对于公司发展意义重大，体现在以下几个方面：第一，改变了单一的业务模式，扩大了企业规模。宋城演艺通过并购运营，实现了企业扩大规模、开拓业务的目标，从单纯的线下文化演艺和主题公园的产品组合，发展为线上线下相结合、融合文艺演出、互联网、旅游服务等多元化业务的经营布局。第二，并购提高了企业收益。纵观宋城演艺2015—2019年的财务指标数据，并购之后的各项财务指标的增长有目共睹，成功并购六间房对于宋城演艺发展经营至关重要。现有研究也发现，成功的并购对于企业经营的推动作用是显而易见的，并购是企业在短期内实现扩张发展的方式之一，尤其在并购完成后的两三年中，正向效果最为明显（杜传忠、郭树龙，2012）。

### 6.1.3 文旅企业重组运营分析

1）文旅企业重组运营相关研究

重组运营就是对企业拥有的资源进行重新调整，包括扩张重组、收缩重组、内部整合和股权变更等不同模式（崔学刚，2007）。关于资产重组绩效的相关研究，多数学者对重组绩效持积极态度，认为重组可以显著提高企业的经营状况。不论是扩张还是收缩，企业都会对自身的资源进行优化配置，适时扩大生产规模或舍弃不良业务都有利于企业改善经营、提高绩效。对于资不抵债的企业来说，破产重组则是最后的“救命稻草”，破产重组会在一定程度上最小化利益相关者的经济损失。也有学者提出反对意见，认为对于大部分文旅企业来说，资产重组只能改善短期的经营绩效，对于企业的长期经营缺乏显著影响。也就是说企业仅仅依靠重组很难实现转亏为盈，还需要配合资产管理、产品开发等多方面的措施，多管齐下才可以实现可持续发展（吴志军，2010）。

2）凯撒旅业案例分析

凯撒同盛发展股份有限公司（简称“凯撒旅业”，股票代码：000796），其前身为宝商集团，宝商集团于1993年上市，发展到2015年，宝商集团再次借壳易食股份上市，是国内第二家上市的民营旅游企业，主营业务转向旅游、交通和食品供应等方面。作为国内出境游领域的龙头企业，凯撒旅业坚持出境游、入境游、国内游协同布局，共同发力，凭借丰富的旅游产品供给和优质的服务供给，结合线上线下销售渠道，不断发挥自身优势。凯撒旅业为全球130多个国家的客户提供旅游产品与服务，2019年实现营收60.35亿元，企业总资产达到65.95亿元。

突如其来的新冠疫情严重打击了凯撒旅业的良好发展势头，凯撒旅业在2020年营业收入锐减到16.15亿元，净利润更是达到了-7.06亿元，总资产从65.95亿元缩水到44.47亿元，公司经营严重受挫，其股票价格也是一路下跌。为了应对疫情冲击，凯撒旅业在2021年发表公告，拟换股吸收合并众信旅游，交易金额为62.44亿元。因为疫情和交易市场的变化，以及企业第二大股东海航旅游本身处于严重的债务危机之中，这场并购最终宣告失败。2023年10月，凯撒旅业被申请破产重整，青岛国际得以控股凯撒旅业。凯撒旅业控股股东变更为青岛环海湾投资发展集团有限公司全资子公司青岛环海湾文化旅游发展有限公司，实际控制人变更为青岛市市北区国有资产运营发展中心，实施债转股，解决了企业的债务危机。从此，凯撒旅业进入到全新发展阶段，随着疫情风波远去，文旅行业重新焕发生机，凯撒旅业在解决好历史遗留问题的基础上，利用重组契机，优化股权结构、加强内部管理，推动公司治理规范化发展。凯撒旅业在2023年推出近500条产品线，积极与境外官方机构，如新加坡、泰国、印度尼西亚、马来西亚以及斯里兰卡等国家的旅游主管部门达成合作，打造特色旅游产品。同时，在当下国家体育总局推动“文体旅”深度融合的背景下，凯撒旅业积极响应国家号召，利用各地体育资源打造全新项目，推出“体育+文旅”等特色主题产品，助力“文体旅”的融合发展。通过一系列的应对措施，2023年企业的经营状况有了明显改善，自疫情暴发以来首次扭转亏损，实现盈利（如图6-4所示）。

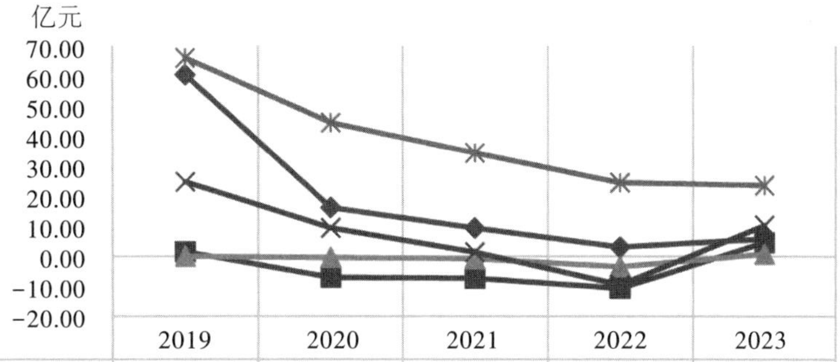


| | 2019 | 2020 | 2021 | 2022 | 2023 |
|---|---|---|---|---|---|
| 营业收入 | 60.35 | 16.15 | 9.40 | 3.07 | 5.82 |
| 净利润 | 1.52 | -7.06 | -7.25 | -10.61 | 4.62 |
| 净利润率 | 2.52% | -43.72% | -77.13% | -345.60% | 79.38% |
| 净资产 | 24.72 | 9.43 | 1.35 | -9.46 | 10.28 |
| 总资产 | 65.95 | 44.47 | 34.32 | 24.37 | 23.58 |

**图6-4　2015—2019年凯撒旅业财务指标折线图**

资料来源：凯撒同盛发展股份有限公司年度报告（2019—2023）。

由凯撒旅业通过企业重组涅槃重生可见，适当的资产重组会对企业发展起到正向促进作用：第一，通过企业重组可以缓解资金周转和债务压力，改善财务状况。我国企业的资产重组往往是在企业亏损严重、经营不善的情况下进行，多是基于短期续命的急救方案，但是不可否认的是资产重组可以使企业在短期内获得资金，延续自身发展。第二，资产重组带来资源优势。2023年资产重组后的凯撒旅业，实际控制人转为青岛国资，国资的入主为凯撒旅业带来更多的政策支持、资金扶持以及资源整合的机会（余汉、杨中仑、宋增基，2017）。例如，凯撒旅业2024年推进与山东省多个大型文旅集团的合作，为公司业务拓展提供了新的机遇和方向。第三，优化业务结构。重组之后，凯撒旅业利用自身固有优势，进一步与国外官方组织合作，打造精品出入境旅游项目，提升产品竞争力和服务质量。同时，对食品业务进行合理调整，提高运营效率，增强盈利能力。凯撒旅业的重整案例展示了合适的资产重组配合企业全方位的推陈出新，对于企业生存与发展的重要作用，为其他企业提供了借鉴。

## 6.2 文旅产业混合所有制改革

改革开放以来，混合所有制改革在中国经历了40余年的探索，尤其是党的十八大以来，国有企业混合所有制改革进入试点和加速阶段，形成了一批先进典型和经验（沈昊、杨梅英，2019）。党的十八届三中全会通过的《中共中央关于全面深化改革若干重大问题的决定》提出要积极发展混合所有制经济。国有资本、集体资本、非公有资本等交叉持股、相互融合的混合所有制经济，是基本经济制度的重要实现形式。国有资本和非国有资本“交叉持股”“相互融合”，即国企允许民营资本参股和民企允许国有资本参股，这就是“双向混合”。党的十九大继续提出提速发展混合所有制经济改革，培育具备全球竞争力的世界一流企业。这里的企业不单指国企，也不单指民企，而是中国企业。多年的发展实践证明，在我国社会主义市场经济制度下，国企、民企想要获得长远发展，就要在坚持市场在资源配置中起决定性作用的前提下，利用好市场这个工具，改善资源配置效率（綦好东、郭骏超、朱炜，2017）。

### 6.2.1 民营资本参股国有文旅企业

民营资本与国有资本的融合为云南旅游混合所有制经济改革注入了新的活力。以云南省旅游投资有限公司（以下简称“云旅投”）与复星集团的合作为例，可以看到民营资本参股国企的所有者模式，是如何推动云南旅游产业的转型升级和跨越发展的。2017年开始，复星集团就混改战略和云旅投达成一致协议，这一协议是我国混改过程中里程碑式的成就，标志着民营资本与国有资本的融合进一步加深。复星集团和云旅投共同开发管理旅游项目，这一合作既保证了国有企业的主体地位，也充分利用了民营资本的创新活力。二者合作，互取所长。复星集团利用云旅投的国有背景，利用云旅投在云南省内的优质旅游资源进行特色旅游项目的开发，有了国有资本的加持，可以一定程度上提升复兴集团品牌信任力，更容易获得政策方面的支持；对于云旅投来说，复星集团为其带来充足的资金、先进的管理经验和丰富的市场资源，相比于云旅投，复星集团的全球视野和产业经验显然更胜一筹。值得一提的是，复星集团决定在玉溪市设立专项投资基金，用来投资云南地区的基础设施和公共服务项目。二者的强强联合为民营资本参股国有企业提供了模板，双方将在此基础上共同专注于精品旅游项目的开发，以旅游业的转型升级带动云南省全省全产业的进一步发展。

民营资本参股国企的合作模式，不仅为云南旅游产业的发展带来了新的机遇，也为双方企业带来了共赢的发展前景。首先，就是优化资源配置，改善公司治理，提高企业效率。非公有制资本的进入无疑打破了国企资本的垄断，带入了新鲜血液，市场化的竞争才得以发挥作用，优化资源配置以获得最大效益。有研究认为，国企混改会推动资源从效率较低的企业转向效率高的企业，在竞争压力下，提高国企的全要素生产率，进而推动经济增长（Brandt，Tombe，and Zhu，2013）。其次，是有利于做大做强国有资本。生产效率的改善会带来经济效益的提高以及企业资本的增值，同时利用少部分的国有资本吸引大量的非国有资本的投资，进一步扩大了国有企业的经营规模，巩固了公有制经济的主体地位（黄速建，2014）。最后，是提升国企形象，优化服务供给。国有企业在民众眼中与政府绑定在一起，国企的经济效益差，会直接或间接影响政府的形象（綦好东、郭骏超、朱炜，2017)。引入民营资本，改善国企的经营状况，有利于恢复民众对于政府的信任，同时国企又大多与民生息息相关，效益的提高，也使得国企有资源和时间去思考如何更好地为人民提供公共服务，提高社会福利水平。云旅投和复星集团的合作将推动云南旅游产业的转型升级和跨越式发展，为云南省乃至全国的旅游业发展做出更大的贡献。

### 6.2.2 国有资本参股民营文旅企业

在当今中国经济高质量发展的背景下，国有企业与民营企业之间的合作日益紧密，共同推动着国家经济的稳定增长。尤其是在文旅产业，这种合作更是显得尤为重要。溧阳城发参股天目湖旅游公司的案例提供了一个国企参股民营、共绘文旅新篇章的生动样本。

江苏天目湖旅游股份有限公司（以下简称“天目湖”）于2017年，在上海证券交易所上市（股票代码：603136)，是一家主要以景区经营为核心的民营企业。该公司的主要业务有景区、酒店、主题公园和旅行社，公司在天目湖旅游度假区拥有的5A级景区包括天目湖山水园景区、天目湖南山竹海景区等；旗下酒店有御水温泉度假酒店、南山竹海客栈、“遇·十四澜”和“遇·天目湖”酒店等，加上企业所拥有的特色主题公园和旅行社业务，为游客提供旅行过程中的一体化服务。虽然天目湖依靠得天独厚的自然条件，成功开发了大批特色旅游体验项目，在长江流域也拥有一定知名度，但其在经过一段时间的快速发展后，企业发展进入瓶颈期。2020年新冠疫情更是对其造成了严重打击，天目湖的经营状况不容乐观，营收水平大幅度下降，企业后续发展无以为继，迫切需要寻求外部突破。

溧阳市城市建设发展集团有限公司（以下简称“溧阳城发”）成立于2003年，是溧阳市政府100%持股公司，主要从事房地产经营、城市建设等业务，拥有的资源丰富，资金实力雄厚。2021年9月，天目湖控股股东、实际控制人孟广才向溧阳城发转让11.62%股权；2022年3月，孟广才再一次向溧阳城发转让8.71%股权；2023年3月，孟广才又一次转让了6.83%股权给溧阳城发。至此，溧阳城发以26.86%的持股超越孟广才的19.60%的持股，成为天目湖第一大股东。

国企参股对于天目湖无疑是一剂良药，自2020年以来，企业的财务状况整体向好，企业2023年的营业收入已经恢复甚至超越了疫情暴发前的水平，总资产和净资产也是呈现上升趋势（如图6-5所示）。溧阳城发参股天目湖促进了天目湖的发展：第一，为天目湖带来了充足的资金和丰富的资源。溧阳城发的国有企业背景有利于天目湖获取外部融资、缓解资金短缺困境，能够获取更充足的资金来支持景区的升级改造、新项目建设以及日常运营等。溧阳城发也可以为天目湖提供更加优质的项目资源，例如天目湖动物王国项目，在溧阳城发的支持下得以全面启动，并被列为溧阳市重大发展项目，这对天目湖丰富自身产品供给，吸引游客具有重要意义。有研究发现，国有背景有利于企业在日常活动中得到一定程度的政府支持（张维迎，2012）。第二，改善了天目湖的管理水平。非公有制资本的优势在于对市场的敏锐嗅觉，国资企业通常具有较为规范的管理体系和丰富的管理经验，溧阳城发的加入可以帮助天目湖进一步优化企业的治理结构，提高企业管理水平。第三，改善了天目湖的经营绩效。国企的加入为天目湖带来了丰富资源、完善管理经验的同时，提高了市场对于企业发展的信任程度和企业的品牌公信力，对于游客来说，更愿意相信天目湖的供给品质和信誉。更多的游客往往意味着更高的收入水平、更好的经营绩效。

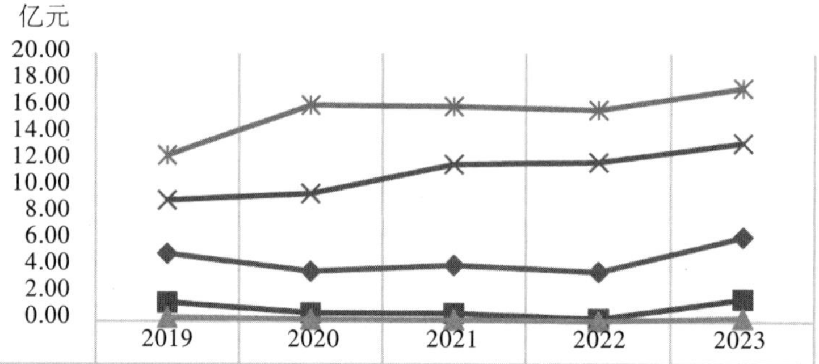


| | 2019 | 2020 | 2021 | 2022 | 2023 |
|---|---|---|---|---|---|
| 营业收入 | 5.03 | 3.74 | 4.19 | 3.69 | 6.30 |
| 净利润 | 1.41 | 0.65 | 0.61 | 0.21 | 1.68 |
| 净利润率 | 28.03% | 17.38% | 14.56% | 5.69% | 26.67% |
| 净资产 | 9.03 | 9.52 | 11.70 | 11.88 | 13.33 |
| 总资产 | 12.36 | 16.09 | 16.02 | 15.75 | 17.40 |

**图6-5　2019—2023年天目湖财务指标折线图**

资料来源：江苏天目湖股份有限公司年度报告（2019—2023）。

## 6.3　中国上市酒店股权结构分析

本节聚焦于对中国A股和H股上市的主要酒店股权结构分析，通过深入探讨美丽华酒店、香格里拉（亚洲）、英皇娱乐酒店、华大酒店、华住集团-S、锦江酒店、首旅酒店、岭南控股、华天酒店、金陵饭店以及君亭酒店的股权构成，以期揭示中国上市酒店企业股权结构的共性与差异。

### 6.3.1　中国主要上市酒店概况

本部分重点概述11家中国上市酒店的基本情况，包括成立和上市的时间、上市地点以及主营业务（见表6-1）。

表6-1 **中国主要上市酒店简介**

| 酒店名称 | 简介 |
| --- | --- |
| 美丽华酒店 | 美丽华酒店企业有限公司成立于1957年，于1970年在中国香港联合交易所上市（股票代码：00071），其总部位于中国香港九龙尖沙咀弥敦道132号美丽华广场A座15楼，主营业务包括收租业务、酒店经营、餐饮服务和旅行社运营等 |
| 香格里拉（亚洲） | 香格里拉（亚洲）成立于1979年，于1993年在中国香港联合交易所上市（股票代码：00069），其总部位于中国香港九龙尖沙咀东道64号香格里拉大厦25楼，主营业务包括酒店经营、商业地产、服务式公寓、住宅销售和餐饮服务等 |
| 英皇娱乐酒店 | 英皇娱乐酒店有限公司成立于1992年，于1973年完成IPO上市（股票代码：00296），其总部位于中国香港湾仔轩尼诗道288号英皇集团中心28楼，主营业务包括博彩业务、酒店业务等 |
| 华大酒店 | 华大酒店投资有限公司成立于1966年，于1972年在中国香港联合交易所上市（股票代码：00201），其总部位于中国香港中环雪厂街24-30号顺豪商业大厦3楼，主营业务包括证券投资、物业投资与发展、酒店投资与发展等 |
| 华住集团-S | 华住集团-S成立于2005年，于2020年在中国香港联合交易所上市（股票代码：01179），其总部位于上海市闵行区吴中路699号，主营业务包括酒店运营（涉及酒店直营、管理加盟、特许经营）、品牌管理与发展、餐饮服务等 |
| 锦江酒店 | 锦江酒店成立于1993年，于1996年在上海证券交易所上市（股票代码：600754），其总部位于上海市黄浦区延安东路100号21楼，主营业务包括酒店服务和餐饮业务 |

续表

| 酒店名称 | 简介 |
| --- | --- |
| 首旅酒店 | 北京首旅酒店股份有限公司成立于1999年，于2000年在上海证券交易所上市（股票代码：600258），其总部位于北京市西城区复兴门内大街51号，主营业务包括酒店运营与管理、景区经营、旅行社业务等 |
| 岭南控股 | 广州岭南集团控股股份有限公司成立于1993年，同年在深圳证券交易所上市（股票代码：000524），其总部位于广州市越秀区流花路120号，主营业务包括酒店经营、景区经营、旅行社业务、餐饮服务等 |
| 华天酒店 | 华天酒店集团股份有限公司成立于1988年，于1996年在深圳证券交易所上市（股票代码：000428），其总部位于湖南省长沙市芙蓉区解放东路300号，主营业务包括酒店业务、餐饮服务、酒店资产的运营与管理、文娱投资、食品加工零售等 |
| 金陵饭店 | 金陵饭店股份有限公司成立于2002年，于2007年在上海证券交易所上市（股票代码：601007），其总部位于江苏省南京市汉中路2号，主营业务包括酒店业务、餐饮服务、房地产开发销售、商业地产销售、食品零售等 |
| 君亭酒店 | 君亭酒店成立于2007年，于2021年在深圳证券交易所上市（股票代码：301073），其总部位于浙江省杭州市西湖区学院路29号，主营业务为连锁酒店的运营与管理 |

资料来源：根据相关资料整理。

### 6.3.2 中国主要上市酒店股权结构比较分析

本部分利用11家中国上市酒店2013—2023的年度报告，整理并分析11家酒店的国有股比例、非流通股比例、股权集中度、法人股比例及内部股比例，并对不同酒店的股权结构展开比较分析。

1）国有股比例

有研究认为国有股的存在可以在一定程度上保证公司的稳定经营，但同时也可能导致公司决策的效率低下和灵活性不足。李文贵和余明桂（2015）结合过往相关政策发现，2014年为了增加民营资本的进入规模、促进国有企业发展，混合所有制改革成为经济改革的重点。美丽华酒店、香格里拉（亚洲）、英皇娱乐酒店、华大酒店、华住集团-S和君亭酒店6家上市酒店，国有股比例始终为零，其他酒店从2014年起国有股比例有所降低（见表6-2）。其中，岭南控股是个例外，其国有股比例从2013年开始大幅上升，2020年起趋于平稳。锦江酒店、首旅酒店、华天酒店和金陵饭店均为国有股比例较高的酒店，在2013年后普遍出现了国有股比例减少的现象。锦江酒店的变化幅度相对较小，在2017年国有股比例出现短暂的回升，到2021年又下降到45%后趋于稳定。首旅酒店在2015到2017年国有股比例下降较快，从2013年的60%下降至2018年的34%，此后又趋于平稳。华天酒店在2015年国有股比例下降至32%以后，一直保持平稳发展。金陵饭店则是在2015年国有股占比下降后，于2020年出现小幅度上升。

表6-2　**2013—2023年中国上市酒店国有股比例变化表**

| | 2013 | 2014 | 2015 | 2016 | 2017 | 2018 | 2019 | 2020 | 2021 | 2022 | 2023 |
|---|---|---|---|---|---|---|---|---|---|---|---|
| 美丽华酒店 | 0.00 | 0.00 | 0.00 | 0.00 | 0.00 | 0.00 | 0.00 | 0.00 | 0.00 | 0.00 | 0.00 |
| 香格里拉（亚洲） | 0.00 | 0.00 | 0.00 | 0.00 | 0.00 | 0.00 | 0.00 | 0.00 | 0.00 | 0.00 | 0.00 |
| 英皇娱乐酒店 | 0.00 | 0.00 | 0.00 | 0.00 | 0.00 | 0.00 | 0.00 | 0.00 | 0.00 | 0.00 | 0.00 |
| 华大酒店 | 0.00 | 0.00 | 0.00 | 0.00 | 0.00 | 0.00 | 0.00 | 0.00 | 0.00 | 0.00 | 0.00 |

续表

| | 2013 | 2014 | 2015 | 2016 | 2017 | 2018 | 2019 | 2020 | 2021 | 2022 | 2023 |
|---|---|---|---|---|---|---|---|---|---|---|---|
| 华住集团-S | 0.00 | 0.00 | 0.00 | 0.00 | 0.00 | 0.00 | 0.00 | 0.00 | 0.00 | 0.00 | 0.00 |
| 锦江酒店 | 0.52 | 0.51 | 0.50 | 0.50 | 0.55 | 0.55 | 0.55 | 0.50 | 0.45 | 0.45 | 0.45 |
| 首旅酒店 | 0.60 | 0.60 | 0.60 | 0.52 | 0.36 | 0.34 | 0.34 | 0.34 | 0.34 | 0.34 | 0.35 |
| 岭南控股 | 0.51 | 0.52 | 0.51 | 0.52 | 0.79 | 0.79 | 0.79 | 0.77 | 0.75 | 0.73 | 0.72 |
| 华天酒店 | 0.46 | 0.46 | 0.32 | 0.32 | 0.32 | 0.32 | 0.32 | 0.32 | 0.32 | 0.32 | 0.32 |
| 金陵饭店 | 0.49 | 0.46 | 0.44 | 0.44 | 0.45 | 0.45 | 0.44 | 0.47 | 0.47 | 0.47 | 0.47 |
| 君亭酒店 | 0.00 | 0.00 | 0.00 | 0.00 | 0.00 | 0.00 | 0.00 | 0.00 | 0.00 | 0.00 | 0.00 |

资料来源：根据相关资料整理。

2）非流通股比例

非流通股是指那些不在市场上自由交易的股份，主要包括发起人股、法人股等。与流通股不同的是，非流通股股东可能更注重公司的长期价值，而不是短期的市场表现。各上市酒店的非流通股比例在2013—2023年间呈现出不同的变化趋势（见表6-3）。其中，君亭酒店自2016年后非流通股比例由100%下降到2021年的74%，但在酒店行业中非流通股比例依旧较高。结合君亭酒店年度报告可知，君亭酒店于2021年于深圳证券交易所上市，可以推断出非流通股比例的大幅下降是为上市做准备。锦江酒店、首旅酒店、岭南控股、华天酒店非流通股比例均呈现先上升后下降的发展趋势，经过2013—2019年间纷乱复杂的变化，于2020年趋于平稳。华住集团-S非流通股比例在2017—2023年间一直平稳下降。美丽华酒店、香格里拉（亚洲）和英皇娱乐酒店的非流通股比例各年的数值均不高，并呈现平稳上升的趋势。

表6-3　**2013—2023年中国上市酒店非流通股比例变化表**

| | 2013 | 2014 | 2015 | 2016 | 2017 | 2018 | 2019 | 2020 | 2021 | 2022 | 2023 |
|---|---|---|---|---|---|---|---|---|---|---|---|
| 美丽华酒店 | 0.45 | 0.45 | 0.46 | 0.47 | 0.48 | 0.49 | 0.49 | 0.50 | 0.50 | 0.50 | 0.50 |
| 香格里拉（亚洲） | 0.49 | 0.50 | 0.50 | 0.50 | 0.50 | 0.51 | 0.51 | 0.50 | 0.50 | 0.50 | 0.50 |
| 英皇娱乐酒店 | 0.63 | 0.62 | 0.63 | 0.63 | 0.63 | 0.65 | 0.68 | 0.69 | 0.70 | 0.71 | 0.72 |
| 华大酒店 | 0.71 | 0.71 | 0.71 | 0.71 | 0.71 | 0.71 | 0.71 | 0.71 | 0.71 | 0.71 | 0.71 |
| 华住集团-S | 0.00 | 0.00 | 0.00 | 0.00 | 0.47 | 0.46 | 0.45 | 0.42 | 0.41 | 0.39 | 0.39 |
| 锦江酒店 | 0.57 | 0.68 | 0.67 | 0.70 | 0.70 | 0.68 | 0.64 | 0.57 | 0.50 | 0.46 | 0.46 |
| 首旅酒店 | 0.60 | 0.60 | 0.60 | 0.81 | 0.55 | 0.63 | 0.58 | 0.60 | 0.53 | 0.50 | 0.49 |
| 岭南控股 | 0.51 | 0.58 | 0.60 | 0.52 | 0.79 | 0.79 | 0.79 | 0.77 | 0.75 | 0.73 | 0.72 |
| 华天酒店 | 0.46 | 0.46 | 0.62 | 0.62 | 0.62 | 0.62 | 0.59 | 0.55 | 0.55 | 0.55 | 0.55 |
| 金陵饭店 | 0.54 | 0.51 | 0.48 | 0.53 | 0.55 | 0.50 | 0.51 | 0.52 | 0.52 | 0.52 | 0.52 |
| 君亭酒店 | 0.00 | 1.00 | 1.00 | 1.00 | 0.98 | 0.99 | 0.99 | 0.99 | 0.74 | 0.71 | 0.65 |

资料来源：根据相关资料整理。

3）股权集中度

股权集中度指的是公司股权分布的集中程度，本书通过计算公司前五大股东持股比例来衡量股权集中度。有研究发现，当一个企业内存在的大股东数量越多，大股东为了保证自身利益不受侵犯，越会自觉监督其他人的行为，积极参与公司治理，改善治理情况（Barroso et al.，2016）。2013—2023年间各大酒店股权集中度变化情况呈现不同特点。其中，华大酒店前五名股东持股比例一直保持稳定。在剩余10家酒店中，美丽华酒店、香格里拉（亚洲）、英皇娱乐酒店、岭南控股集中度总体呈上升趋势；华天酒店股权集中度呈现先增后降的发展趋势；其余酒店股权集中度在2013—2023年呈现下降趋势，华住集团-S自2017年港交所上市以来，股权集中度从35%逐年下降为

30%，锦江酒店、首旅酒店和君亭酒店的股权集中度下降幅度均超过10%，而金陵饭店下降较为平缓（见表6-4）。

表6-4　**2013—2023年中国上市酒店股权集中度变化表**

| | 2013 | 2014 | 2015 | 2016 | 2017 | 2018 | 2019 | 2020 | 2021 | 2022 | 2023 |
|---|---|---|---|---|---|---|---|---|---|---|---|
| 美丽华酒店 | 0.45 | 0.45 | 0.46 | 0.47 | 0.48 | 0.49 | 0.49 | 0.50 | 0.50 | 0.50 | 0.50 |
| 香格里拉（亚洲） | 0.43 | 0.43 | 0.49 | 0.50 | 0.50 | 0.51 | 0.51 | 0.50 | 0.50 | 0.50 | 0.50 |
| 英皇娱乐酒店 | 0.63 | 0.62 | 0.63 | 0.63 | 0.63 | 0.65 | 0.68 | 0.69 | 0.70 | 0.71 | 0.72 |
| 华大酒店 | 0.71 | 0.71 | 0.71 | 0.71 | 0.71 | 0.71 | 0.71 | 0.71 | 0.71 | 0.71 | 0.71 |
| 华住集团-S | 0.00 | 0.00 | 0.00 | 0.00 | 0.35 | 0.34 | 0.34 | 0.31 | 0.31 | 0.30 | 0.30 |
| 锦江酒店 | 0.57 | 0.68 | 0.67 | 0.70 | 0.70 | 0.68 | 0.64 | 0.57 | 0.50 | 0.46 | 0.46 |
| 首旅酒店 | 0.60 | 0.60 | 0.60 | 0.81 | 0.55 | 0.63 | 0.58 | 0.60 | 0.53 | 0.50 | 0.49 |
| 岭南控股 | 0.51 | 0.58 | 0.60 | 0.52 | 0.79 | 0.79 | 0.79 | 0.77 | 0.75 | 0.73 | 0.72 |
| 华天酒店 | 0.46 | 0.46 | 0.62 | 0.62 | 0.62 | 0.62 | 0.59 | 0.55 | 0.55 | 0.55 | 0.55 |
| 金陵饭店 | 0.54 | 0.51 | 0.48 | 0.51 | 0.50 | 0.50 | 0.51 | 0.52 | 0.52 | 0.52 | 0.52 |
| 君亭酒店 | 0.50 | 0.50 | 0.50 | 0.50 | 0.49 | 0.49 | 0.49 | 0.49 | 0.36 | 0.36 | 0.34 |

资料来源：根据相关资料整理。

4）法人股比例

法人股比例指的是法人机构持有的股份比例。法人股东通常更注重公司的长期发展和价值创造，其持股比例的变化可能影响到公司的投资策略、资本结构和运营效率等方面，法人股东的参与有助于改善公司治理结构，提高决策效率和资源配置效率。2013—2023年间，美丽华酒店和香格里拉（亚洲）的法人股变化趋势相似，均呈上升趋势；英皇娱乐酒店和华大酒店的法人股比例保持不变，其中华大酒店由法人股100%控股；华住集团-S、锦江酒店、首旅酒店、岭南控股、华天酒店、金陵酒店的法人股比例都处于波动状态；君亭酒店的法人股比例呈现下降趋势，从2013年的94%，大幅度下降到2023年的66%（见表6-5）。

表6-5　**2013—2023年中国上市酒店法人股比例变化表**

| | 2013 | 2014 | 2015 | 2016 | 2017 | 2018 | 2019 | 2020 | 2021 | 2022 | 2023 |
|---|---|---|---|---|---|---|---|---|---|---|---|
| 美丽华酒店 | 0.55 | 0.55 | 0.56 | 0.57 | 0.59 | 0.59 | 0.59 | 0.60 | 0.60 | 0.60 | 0.60 |
| 香格里拉（亚洲） | 0.56 | 0.58 | 0.65 | 0.65 | 0.66 | 0.65 | 0.65 | 0.65 | 0.65 | 0.65 | 0.65 |
| 英皇娱乐酒店 | 0.75 | 0.75 | 0.75 | 0.75 | 0.75 | 0.75 | 0.75 | 0.75 | 0.75 | 0.75 | 0.75 |
| 华大酒店 | 1.00 | 1.00 | 1.00 | 1.00 | 1.00 | 1.00 | 1.00 | 1.00 | 1.00 | 1.00 | 1.00 |
| 华住集团-S | 0.00 | 0.00 | 0.00 | 0.00 | 0.88 | 0.88 | 0.88 | 0.81 | 0.77 | 0.78 | 0.77 |
| 锦江酒店 | 0.58 | 0.67 | 0.67 | 0.68 | 0.68 | 0.66 | 0.62 | 0.61 | 0.54 | 0.51 | 0.49 |
| 首旅酒店 | 0.68 | 0.63 | 0.63 | 0.80 | 0.61 | 0.63 | 0.60 | 0.62 | 0.55 | 0.51 | 0.51 |
| 岭南控股 | 0.54 | 0.57 | 0.57 | 0.56 | 0.78 | 0.78 | 0.78 | 0.77 | 0.76 | 0.74 | 0.72 |
| 华天酒店 | 0.49 | 0.48 | 0.66 | 0.68 | 0.63 | 0.64 | 0.62 | 0.58 | 0.58 | 0.56 | 0.57 |
| 金陵饭店 | 0.55 | 0.52 | 0.50 | 0.52 | 0.53 | 0.54 | 0.56 | 0.58 | 0.57 | 0.54 | 0.53 |
| 君亭酒店 | 0.94 | 0.94 | 0.94 | 0.94 | 0.89 | 0.89 | 0.89 | 0.89 | 0.71 | 0.71 | 0.66 |

资料来源：根据相关资料整理。

5）内部股比例

内部股比例指的是公司内部管理人员和职工持有的股份比例。许多研究发现内部股东持股比例的变化可能影响公司的激励机制和监督机制，进而影响企业发展。美丽华酒店的内部股比例基本保持稳定，香格里拉（亚洲）的内部股变化呈现先上升再下降的趋势。英皇娱乐酒店和华大酒店虽有内部股权认购计划，但在计划期内没有员工认购股权，因此内部股比例在2013—2023年之间均为0。华住集团-S在2017年开始有内部股出现。国有股占比较高的锦江酒店、首旅酒店、岭南控股、华天酒店和金陵饭店内部股东比例为0，尚未开展员工持股计划。君亭酒店的内部股东占比与其他酒店有较大差异，2020年以前均为50%左右的内部股，2021年后才开始大幅度下降，这与君亭酒店2021年上市，引进了大量外部投资者有关。整体来看，各大酒店的内部股比例呈现逐步下降的趋势（见表6-6）。

表6-6　**2013—2023年中国上市酒店内部股比例变化表**

| | 2013 | 2014 | 2015 | 2016 | 2017 | 2018 | 2019 | 2020 | 2021 | 2022 | 2023 |
|---|---|---|---|---|---|---|---|---|---|---|---|
| 美丽华酒店 | 0.06 | 0.06 | 0.06 | 0.06 | 0.06 | 0.06 | 0.06 | 0.06 | 0.06 | 0.06 | 0.05 |
| 香格里拉（亚洲） | 0.04 | 0.04 | 0.04 | 0.04 | 0.04 | 0.05 | 0.06 | 0.06 | 0.02 | 0.03 | 0.03 |
| 英皇娱乐酒店 | 0.00 | 0.00 | 0.00 | 0.00 | 0.00 | 0.00 | 0.00 | 0.00 | 0.00 | 0.00 | 0.00 |
| 华大酒店 | 0.00 | 0.00 | 0.00 | 0.00 | 0.00 | 0.00 | 0.00 | 0.00 | 0.00 | 0.00 | 0.00 |
| 华住集团-S | 0.00 | 0.00 | 0.00 | 0.00 | 0.12 | 0.12 | 0.12 | 0.11 | 0.11 | 0.08 | 0.08 |
| 锦江酒店 | 0.00 | 0.00 | 0.00 | 0.00 | 0.00 | 0.00 | 0.00 | 0.00 | 0.00 | 0.00 | 0.00 |
| 首旅酒店 | 0.00 | 0.00 | 0.00 | 0.00 | 0.00 | 0.00 | 0.00 | 0.00 | 0.00 | 0.00 | 0.00 |
| 岭南控股 | 0.00 | 0.00 | 0.00 | 0.00 | 0.00 | 0.00 | 0.00 | 0.00 | 0.00 | 0.00 | 0.00 |
| 华天酒店 | 0.00 | 0.00 | 0.00 | 0.00 | 0.00 | 0.00 | 0.00 | 0.00 | 0.00 | 0.00 | 0.00 |
| 金陵饭店 | 0.00 | 0.00 | 0.00 | 0.00 | 0.00 | 0.00 | 0.00 | 0.00 | 0.00 | 0.00 | 0.00 |
| 君亭酒店 | 0.50 | 0.50 | 0.50 | 0.50 | 0.50 | 0.50 | 0.50 | 0.50 | 0.38 | 0.34 | 0.31 |

资料来源：根据相关资料整理。

第 7 章

# 文旅产业高质量发展路径四：精细化

近年来，中国经济持续向好发展，人民生活水平不断提高，消费能力的提升推动文旅产业的需求品质升级，消费者更加注重旅游体验的深度和文化的内涵，过去粗放式、缺乏个性化的管理模式已不再适用。本章深入探讨推动文旅产业高质量发展的精细化发展路径，包括运营模式升级、打造精细化项目、差异化定位（如图7-1所示）。运营模式升级路径，侧重于通过优化资源配置效率，提升文旅企业经营能力。打造精品化项目路径，侧重于科技创新和IP建设，致力于带给游客沉浸式体验。差异化定位路径，侧重于深度挖掘旅游目的地的独特资源和开发特色产品，增加竞争优势。

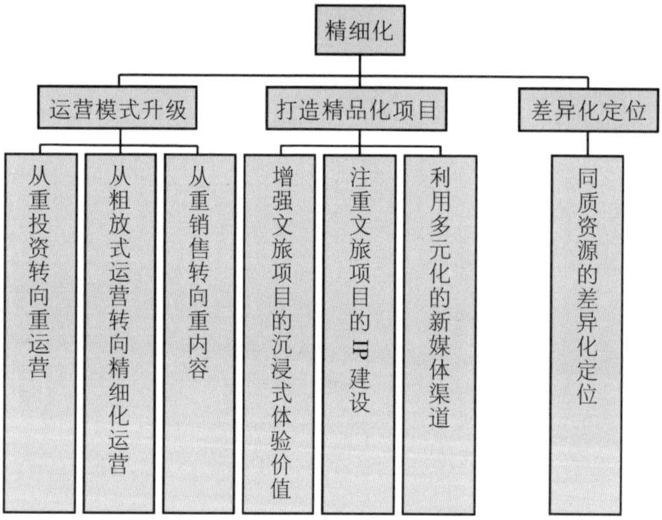


图7-1　文旅产业高质量发展路径：精细化

资料来源：根据相关资料整理。

## 7.1　文旅产业运营模式升级

### 7.1.1　从重投资转向重运营

文旅产业正经历着深刻变革，即从过去的重投资向重运营的转变。这个转变的原因多种多样，包括文旅市场的不断发展、市场竞争的加剧、商业周期的交替（Sohn，Tang，and Jang，2014），以及游客需求的变化等。在这个背景下，文旅企业逐渐意识到，仅靠大量投资建设基础设施和景区已经无法满足市场需求，必须转向精细化运营，通过提升运营效率、优化资源配置来增强市场竞争力。

1）重投资模式的特点与局限

重投资模式在文旅产业的早期发展阶段扮演了重要角色，主要依赖于大规模的资本投入，通过建设大型基础设施、旅游景区、文化项目等吸引游客。这种模式的核心是通过物理空间的开发与扩展，形成文化旅游产业集群，从而带动地方经济发展。重投资的优势在于拥有快速吸引游客、迅速扩大市场规模的能力，通过大规模建设基础设施，文旅企业可以快速建立起旅游目的地，吸引游客前来参观，这种模式尤其适用于资源丰富、文化底蕴深厚的地区。近些年来，重投资的局限逐渐显现，这种模式只关注速度，容易忽略质量，并且存在供需错配、融投错位、模式不清等问题，迫使文旅企业寻找新的发展路径（王笑宇，2024）。

2）转向重运营模式的原因与优势

面对市场竞争加剧和同质化问题，文旅产业开始转向重运营模式，这种转变的核心是通过精细化运营来提高效益、降低成本，并通过多元化业态来增加收入来源。相比于重投资，重运营强调以最小的资本投资降低风险，注重运营效率和消费者体验等方式来促进企业成长（Li and Singal，2019）。重运营的优势体现在多个方面：第一，重运营可以降低文旅企业的运营成本，对企业价值有正向影响（Sohn，Tang，and Jang，2013），通过精细化管理，企业可以更好地利用资源、减少浪费、优化人力和物力的配置。第二，重运营模式可以使企业在价值链的上游或下游积累独占性资源后，取得超额利润率（王智波、李长洪，2015），从而在激烈的市场竞争中赢得竞争优势。第三，重运营还可以帮助文旅企业应对同质化竞争的问题，企业可以根据游客的需求和行为，不断调整和优化产品和服务，增强服务的灵活性。

3）祥源文旅的转型案例

祥源文旅是从重投资转型到重运营模式的一家典型案例企业，该企业是一家以旅游资产和数字文化资产投资运营业务为核心、文旅科技创新融合发展的上市公司。祥源文旅从2021年以来，先后收购了张家界白龙天梯、凤凰古城沱江泛舟、齐云山索道等多项旅游资源，为公司后续的转型打下坚实的基础。

祥源文旅并未止步于不断收购旅游资产的重资产投资阶段，而是进一步将重心转向了精细化运营。公司探索出了一条“投资运营一体化”的新发展模式，在运营过程中，祥源文旅注重文旅资源的深度开发，不断提升游客的体验感和满意度。例如，在齐云山景区，公司借助于独特的山水景观和徽派民居风俗，结合沉浸式体验理念，打造了“复古游齐云”项目，让游客在游玩的同时也能深入了解齐云山的历史文化。在2024年国庆期间，齐云山生态文化旅游度假区、百龙天梯、莽山五指峰单日营收，皆刷新“十一”假期历史最高纪录，较历史最高纪录分别增长44%、12%、13%，较2023年同期分别增长193%、122%、134%；单日最高接待游客量方面，齐云山生态文化旅游度假区和百龙天梯也再次刷新“十一”假期历史纪录，较历史最高纪录分别增长33%和18%，较2023年同期分别增长211%和151%。这些运营举措的实施，使得祥源文旅的文旅资源得到了更有效的利用和开发，公司的运营效率也得到了大幅提升。数据显示，2024年上半年，祥源文旅营业收入同比增长11.30%，达到3.69亿元。

4）重运营模式的未来发展趋势

随着文旅产业的不断发展，重运营将成为文旅产业的未来发展趋势，主要体现在以下三个方面：第一，通过多元化业态来拓展市场，以文塑旅、以旅彰文，文化与旅游的深度融合发展将成为拉动文旅经济增长的突破口，培育多元共生的旅游业生态体系，有利于推动文旅产业发展。第二，充分利用现代科技，通过人工智能和大数据等技术，能够更加精准地了解游客需求和偏好，及时调整相关旅游产品和服务。第三，注重游客的体验感，当今游客更加注重旅游过程中的体验感和旅游产品和服务的品质，因此，打造具有独特体验的文旅产品是不可或缺的一步。

### 7.1.2 从粗放式运营转向精细化运营

文旅产业正在经历着从传统的粗放式运营向精细化运营的转变，这种转变反映了文旅企业在面对市场竞争加剧、消费者需求多样化的背景下，对提高运营效率和效益的追求。粗放式运营往往意味着资源的低效利用、服务质量的不稳定以及难以灵活应对市场变化，而精细化运营则强调优化资源配置、提高服务质量、通过数据驱动进行决策等。在这一转变过程中，文旅企业需要探索新的运营理念和管理方式，以确保在激烈的竞争中保持领先地位。

1）粗放式运营的局限性

传统的粗放式运营在文旅产业中较为常见，尤其是在行业的早期发展阶段。这种模式主要存在以下较为明显的局限性：第一，粗放式运营倾向于广泛使用资源，而不注重精细化管理，这可能导致资源的浪费和低效利用。第二，粗放式运营往往忽视服务质量的稳定性，在这种模式下，企业更关注数量而非质量，导致企业声誉和品牌形象受到负面影响。第三，粗放式运营通常缺乏灵活性，难以快速应对市场需求变化，但是在市场竞争加剧的情况下，企业需要能够迅速适应市场调整的运营策略，提供符合市场需求的产品和服务，而粗放式运营的僵化结构使得企业在面对变化时举步维艰。

2）精细化运营的核心理念

精细化运营是粗放式运营的升级版，它强调通过优化资源配置、提高服务质量、通过数据驱动进行决策等，来提高运营效率和效益。精细化运营的核心理念包括以下几个方面：第一，资源的优化配置是精细化运营的基础。在这种模式下，企业会更加关注资源的合理利用，专注于核心业务。随着业务的精简，资源利用将会趋于集中，能够避免浪费和低效。第二，提高服务质量是精细化运营的关键。与粗放式运营不同，精细化运营更加关注服务质量的稳定性和游客体验，这意味着企业需要建立标准化的服务流程，确保每个环节的服务质量。第三，数据驱动决策是精细化运营的重要特点。在精细化运营中，企业会通过数据分析来进行决策，这包括对游客行为、市场趋势、运营效率等数据的收集和分析。通过数据驱动，企业可以更好地了解消费者的需求，使旅游产品和服务与个性化需求精准匹配。这种数据驱动的方式可以提高企业的灵活性，确保在外部环境变化时能够迅速应对，提高旅游业运行效率，带动旅游业效益提升（李云鹏，2017）。

3）精细化运营的案例

丽江古城是云南省丽江市历史名城，拥有独特的纳西族文化，是世界文化遗产，以古城风貌和民族文化著称。2023年7月，丽江古城保护管理局聚焦建设“世界文化旅游名城”定位，在做深内涵、做精特色、做优体验上持续发力，多措并举，强化精细化管理和人性化服务，不断完善配套设施、提升管理水平和服务质量，为各地游客提供更好的旅游体验。第一，完善接待服务机制。规范景区内从业人员的服务标准，健全管理服务培训制度，保证游客随时游览随时接待的服务要求，及时处理游客投诉和应急事件。2024年暑假7月1日至8月18日期间，“一部手机游云南”平台共办结投诉1 570件，办结率100%，同比下降51.96%，投诉量明显降低，得到游客一致好评。第二，完备基础设施。对景区内的游览步道、厕所、休憩椅子等设施定期进行维修改造，不断完善景区内的导游全景图、导览图，并在景区设置“党员示范岗”、志愿者服务站和母婴室，满足有个性化需求的游客。第三，打造智慧旅游景区。丽江古城从“管理端”和“游客端”两个维度深入研究分析智慧系统，其综合管理指挥中心运用集指挥调度、智慧消防、人流疏导、声音监控、视频智能分析、经营户管理等于一体的智慧管理体系，通过统一调度、科学管理，全力保障景区的安全、有序，以精细化管理助推精致化服务，优化游客旅游体验。

4）精细化运营的挑战与机遇

文旅企业的精细化运营，挑战与机遇并存。精细化运营需要企业投入更多的资源来进行管理和优化，包括对员工的培训、对数字分析的投资等，这些投入对资源有限的企业来说可能是一种挑战。与粗放式运营不同，精细化运营还需要企业具备系统化的管理能力，能够协调不同的运营环节，确保资源的高效利用，这种能力的培养需要一定的时间和经验积累。与此同时，精细化运营也带来了许多机遇，通过提高运营效率和服务质量，企业可以增强市场竞争力，吸引更多游客；精细化运营的灵活性也使得企业能够更好地应对市场变化，抓住新的商机。从粗放式运营向精细化运营的转变，是文旅产业提高运营效率和效益的重要途径，通过精细化运营，企业能够更好地满足市场需求、提高竞争力，从而实现可持续发展。

### 7.1.3 从重销售转向重内容

文旅产业正经历着从重销售向重内容的经营模式转变。过去，文旅产业主要以销售为中心，重点关注传统的产品线和渠道开发。这种模式虽然在一定阶段内取得了成效，但随着消费环境的多样性变化，以及新媒体平台的崛起，单纯依赖销售驱动已经难以满足市场需求。因此，越来越多的文旅企业转向重内容的经营模式，通过提供独特且有吸引力的内容，来提升品牌知名度、吸引游客，并带动业务增长。

1）传统销售驱动模式的局限

过去，文旅产业的经营模式主要以销售为中心，依赖于传统的产品线，如门票、交通和住宿等，这些产品和服务构成了文旅企业的主要收入来源。为了增加销售额，文旅企业往往将精力集中在开发多层次的销售渠道，包括旅行社、在线平台等，并通过促销活动来吸引更多的游客。然而，这种销售驱动的模式存在明显的局限：第一，产品线的局限性。传统的文旅产品线相对固定，难以灵活应对市场变化。门票、交通、住宿等基础服务固然是文旅产业的核心，但是它们的创新空间有限，在市场竞争加剧、游客需求多样化的背景下，单纯依赖这些产品线，难以保持市场竞争力。第二，高成本和低效益。销售驱动的模式往往需要投入大量资源开发渠道和开展促销活动，这种模式的成本较高，企业需要支付渠道佣金、广告费用等，导致盈利空间受到挤压。第三，销售策略同质化问题严重。随着文旅产业的不断发展，市场竞争愈发激烈，许多文旅企业依旧使用相似的销售策略，导致市场竞争主要集中在价格战和促销活动，这种同质化的竞争方式，不仅削弱了文旅企业的盈利能力，还使得市场逐渐失去了活力。

2）重内容模式的主要特点

随着市场环境的变化，文旅企业逐渐意识到，重内容的经营模式可以更好地应对市场挑战。在这种模式下，文旅企业将重点放在内容的独特性和吸引力上，通过提供丰富多样的内容，来吸引游客和推动业务增长。重内容的经营模式具有以下几个主要特点：

第一，产品和内容的多样性。产品的多样性是指文旅企业根据旅游资源的特征，构建配套的旅游产品，将旅游收入用于新产品的研发，打造全方位、立体型的旅游产品体系（庞世明、孙梦阳、宋志伟，2021）。内容的多样性强调通过不断引入新的内容来保持游客的兴趣，文旅企业可以通过开发主题活动、演艺节目、文化体验等，提供丰富的内容选择。例如，多彩贵州城景区通过举办艺术展览、音乐节、户外活动等，吸引了大量游客。内容的多样性和创新不仅可以满足不同游客的需求，还可以增强文旅企业的品牌知名度。

第二，利用流量开展营销。重内容模式借助于微博、抖音、快手等新媒体平台作为传播途径，来扩大内容的传播范围。这种新媒体传播方式成本低、效果快，可以迅速扩大文旅企业的影响力。例如，凭借“红衣策马”视频爆火的新疆伊犁旅游局局长，通过独特的内容吸引了大量关注，因为该视频不仅展示了当地的美丽景色，还巧妙地结合了个人魅力，成功引起了游客的兴趣。这种重内容的营销方式，不仅提升了当地的知名度，还带来了游客量的持续增长。

第三，内容驱动的品牌建设。重内容模式可以帮助文旅企业建立独特的品牌形象来提升品牌知名度。通过提供独特的内容，文旅企业可以与游客建立情感联系，增强品牌忠诚度。例如，阿那亚文旅度假项目凭借其独特的艺术设计和特色活动，营造了具有美感的艺术社区，打造出一个更加亲密、更加美好的理想生活实验场，提供了与众不同的度假体验。这种重内容的经营模式，使阿那亚度假村成为了热门旅游目的地，吸引了大量游客。从重销售到重内容的转变，反映了文旅产业对市场变化的敏锐感知和应对能力，将为文旅产业带来新的发展机遇与挑战。

## 7.2　打造精品化的文旅项目

### 7.2.1　增强文旅项目的沉浸式体验价值

1）沉浸式体验的内涵

沉浸式体验是指在特定场景下达到的一种忘我状态的情绪体验，这一概念最初由美国心理学者Mihaly于1975年提出。近年来，沉浸式体验在旅游业的发展中得到青睐并高度深化。有研究认为沉浸过程都是相似的，并且该过程由三个阶段组成：参与、沉迷和超越参与，分别对应于沉浸状态的触发因素、参与世界和沉浸状态本身（Blumenthal and Gjerald，2022）。现阶段的沉浸式研究主要集中在消费者行为和人机交互两方面（Calleja，2011）。在消费者行为领域，沉浸式体验是作为一种心理状态研究的（Blumenthal，2020），强调个人情感的投入，以及与周围环境的互动（Schultze，2010）。在人机交互领域，更多的是注重技术层面的问题，该技术能够创造具有综合性、鲜明性、多样性的真实体验感的环境（Slater and Wilbur，1997，林叶强、沈晔，2022）。

2）沉浸式体验的方式

沉浸式体验是一种通过技术手段和创意设计，让参与者完全融入虚拟或增强的环境中，获得身临其境的感受和体验的互动形式。其方式多种多样，以下将简单阐述四种主要方式：

第一种是技术驱动型沉浸式体验。虚拟现实（VR）沉浸式体验是虚拟现实技术利用计算机和电子技术产生逼真的视、听、触三维感觉环境，形成一种虚拟世界，使用户能够身临其境地体验其中的环境和交互。增强现实（AR）沉浸式体验是增强现实技术在现实世界中叠加虚拟信息，使用户能够看到、听到、感受到虚拟元素的存在。与VR不同，AR不需要完全沉浸在虚拟环境中，而是将虚拟元素与真实环境相结合。

第二种是场景营造型沉浸式体验。场景营造型沉浸是指营造特定的场景和故事情节，使参与者沉浸在故事的世界中，通过设计引人入胜的故事情节和场景布置，使游客能够身临其境地感受故事中的情感和氛围。例如，剧场沉浸式体验是将传统的剧场表演与沉浸式技术相结合，创造出一种全新的艺术表现形式。

第三种是互动参与型沉浸式体验。互动参与型沉浸强调参与者与虚拟环境或现实环境之间的交互和互动，通过设计各种互动环节和游戏，使参与者能够主动参与到体验过程中，增强参与感和体验感。例如，虚拟角色扮演（VRP）是一种让参与者在虚拟环境中扮演特定角色的体验方式，参与者可以通过VR头显等设备进入虚拟世界，与虚拟角色进行互动和交流。

第四种是感官刺激型沉浸式体验。感官刺激型沉浸通过刺激参与者的视觉、听觉、触觉等感官器官，使其获得强烈的感官体验。例如，在主题公园中，通过设计各种刺激的游乐设施和高科技光影效果，让游客获得极致的感官享受。

3）沉浸式体验的案例

在当今这个数字化、信息化的时代，传统戏剧正经历着一场前所未有的变革。其中，沉浸式戏剧以其独特的魅力，吸引了越来越多的观众。武汉的“知音号”就是这场变革中的一颗璀璨明星，作为一艘承载着厚重历史与文化的游轮，它不仅是湖北省在“十三五”期间践行全域旅游基本战略的重要文旅项目，更是武汉市以长江主题文化为代表的关键项目之一，自2017年5月起航到2024年5月，7年时光已累计演出2 000余场，累计接待游客超过130万人次。与传统的演艺戏剧相比，“知音号”的观演方式有着颠覆性的改变，在这里观众与演员处于同一时空，面对面进行眼神交流。这种“零距离”的观演方式，不仅打破了传统演艺戏剧舞台的“第四堵墙”，更让舞台时空和真实时空的界限变得模糊。观众不再是被动地接受剧情的灌输，而是通过自己的行动来探索、发现、体验剧情。他们可以在不同的演出情境中自由选择地点、故事剧情，与演员进行互动，甚至参与到剧情的推进中去。这种观演方式的革新，让“知音号”成为了一个真正的“沉浸式剧场”，让观众仿佛置身于一个真实而又梦幻的世界中，与演员一起共同经历着一段段难忘的旅程。武汉“知音号”的成功，揭示了沉浸式体验的无限可能，也给游客带来前所未有的心灵震撼和情感共鸣。

### 7.2.2 注重文旅项目的IP建设

1）建设文旅项目IP的意义

当今全球化的环境中，打造具有特色的文旅IP（Intellectual Property，知识产权）成为许多地区吸引游客、提升知名度的重要手段。打造文旅IP的核心在于突出地方特色，将独特的文化元素转化为可识别的品牌资产。地方特色可以包括地理位置、自然景观、历史文化、民俗传统等多个方面，通过精心打造这些特色，文旅IP能够形成独特的品牌形象。例如，云南省以其多样的民族文化和独特的自然风景著称，云南的文旅IP建设注重将少数民族的传统节日、音乐、舞蹈等文化元素融入旅游品牌中，吸引了大量游客前往体验这种独特的文化氛围。这种品牌建设方法不仅提升了云南的知名度，还推动了当地经济的发展。旅游业的发展还能通过产业关联效应带动其他相关产业发展，提高当地的税收水平和就业水平（徐春红等，2017）。例如，成都熊猫基地将熊猫文化作为核心IP，并通过相关衍生产品和体验项目的开发，将熊猫形象传播到全国甚至全球。这一IP成功推动了成都旅游业的发展，并为当地的餐饮、酒店、手工艺品制作等产业带来了商机，仅2023一年，成都接待2.8亿人次游客，实现旅游收入高达3 700亿元。除了直接的旅游文创收入外，成都还通过发展大熊猫相关的多元化产业来进一步推动经济发展。例如，大熊猫国家公园的建设不仅保护了大熊猫及其栖息地，还促进了生态体验、生态旅游等绿色产业的发展。同时，大熊猫国家公园成都片区还发布了产业发展机会清单，涵盖了露营、果蔬种植、康养度假等多个领域，为当地经济发展注入了新的活力。

2）建设文旅项目IP的手段

IP正逐渐成为一种重要的战略资源，通过深度挖掘历史和文化资源，融合中国传统文化与现代旅游理念，城市能够打造出独特的文旅IP。这种IP不仅能够带动经济发展，还可以增强文化认同。以下从文化融合和城市特色两方面，详细探讨打造文旅IP的路径：

第一，传统文化与现代旅游的交汇。在打造文旅IP的过程中，文化融合是一个关键要素。旅游产业与文化产业具有天然的耦合关系，能够实现良性的相生相长，文化产业可以丰富旅游内涵，旅游产业可以助力文化的传播（秦晓楠、王悦、韩苗苗，2023）。中国作为一个历史悠久的国家，拥有丰富的传统文化资源，这些文化资源不仅可以成为旅游业的吸引点，还可以通过现代化的手段进行创新和融合，从而打造出独特的文旅IP。例如，杭州在打造文旅IP时，充分利用了其历史文化资源，将西湖的传说与现代旅游相结合，打造了西湖十景等一系列旅游品牌，这些品牌不仅吸引了国内外游客，还为当地的酒店、餐饮和零售业带来巨大的经济效益。

第二，城市文化与旅游演艺的结合。打造文旅IP的另一种方法是结合城市特色，通过深度融合城市文化和旅游演艺，可以增强城市辨识度，提高城市吸引力，形成以核心文化为辐射的系统化文创产业链，提升城市软实力。每个城市都有其独特的地理、文化和社会特点，经过充分挖掘和利用这些特点，能够创造出独特的旅游品牌。以中国的西安为例，西安是中国的古都，拥有丰富的历史文化资源，西安在打造文旅IP时，充分利用了其作为古都的独特地位，推出了《长恨歌》等大型旅游演艺节目。这些节目以唐朝的历史故事为背景，通过华丽的舞台效果和丰富的表演内容，成功吸引了大量游客。西安通过这种方式，不仅增强了城市的品牌形象，还带动了当地的旅游业和相关产业的发展。

3）建设文旅项目IP的案例

第一，大唐不夜城项目。大唐不夜城以其独特的魅力和创意，成功打造了一个将传统文化与现代商业完美结合的旅游地标。大唐不夜城位于西安大雁塔脚下，其爆火离不开独特的IP打造和爆款营销策略的实施。项目通过深入研究年轻人的需求偏好，依托高科技手段进行光影、景观的布置，巧妙设计网红打卡点和互动活动吸引游客，发展成了具有广泛影响力和吸引力的旅游地标。大唐不夜城项目通过产业联动和资源整合，将文化、旅游与商业等多个关键领域深度融合与无缝对接，构建了一个庞大且错综复杂的产业链体系，不仅为当地带来了大量的就业机会和经济效益，更带动了整个西安乃至陕西地区的经济增长，提升了该地区的整体知名度与影响力。

第二，“只有河南 · 戏剧幻城”品牌。“只有河南 · 戏剧幻城”项目以融合传统文化、创造中式产品为核心目标，致力于全景化展现河南的历史与现在。该项目的成功之处在于其对于传统文化的深入挖掘和创新运用。同时，该项目还注重创意文创产品的开发，将河南的传统文化元素与现代设计理念相结合，推出了一系列独具地方韵味与文化底蕴的文创产品，这些产品凭借其独特的魅力赢得了广大游客的热烈喜爱与高度评价。除了戏剧表演和文创产品外，“只有河南·戏剧幻城”项目还注重与城市历史的深度融合。项目在选址、设计、建设等方面都充分考虑了郑州的城市特点和历史背景，使得整个项目与城市融为一体，成为城市新的文化地标，该项目以其独特的文化魅力和创新的设计理念，成功打造了具有深远影响的文旅IP品牌。

第三，大连熊洞街项目。大连熊洞街以旅游为载体，将文化、商业元素巧妙地融入其中，形成了一个集购物、娱乐、文化体验于一体的综合性旅游目的地。在旅游方面，大连熊洞街以机械巨兽“熊北北”为核心IP，利用大连冰山集团旧厂房改造形成的创意空间，充分利用了城市的旅游资源，通过引入高科技互动设备，为游客提供了独特的旅游体验。在文化方面，大连熊洞街深入挖掘东北地方文化和年轻人喜爱的元素，通过举办国潮文化节、电音艺术节、动漫游戏嘉年华等主题活动，打造了一个充满活力和创意的文化空间。在商业方面，大连熊洞街通过引入特色餐饮、娱乐游戏等业态，打造了具有“新”味的“老街”，成为新时代人们的新社交休闲空间。大连熊洞街通过文商旅的有机融合，成功打造了一个具有鲜明特色和综合性的城市IP，不仅提升了城市的知名度和美誉度，还丰富了城市的文化内涵，为城市的文化传承和经济发展注入了新的动力。

### 7.2.3 利用多元化的新媒体渠道

新媒体营销渠道在文旅产业中正发挥着越来越重要的作用。相较于传统的营销渠道，新媒体营销以其直观性、互动性和裂变效应，正成为旅游目的地的强大助推器。通过社交媒体、关键意见领袖（KOL）推广、短视频直播等方式，文旅企业能够更加直接地触达目标受众，实现精准营销。这种新型营销方式不仅具有高效的传播能力，还能在短时间内带来巨大流量。

1）新媒体营销的特点与优势

新媒体营销相较于传统营销具有显著的优势，这些优势体现在互动性、实时性和广泛性等方面，使得新媒体成为文旅企业进行营销推广的重要渠道。第一，互动性。新媒体营销的互动性是其与传统渠道相比的显著优势，不仅可以拉近企业与消费者之间的距离，还可以让潜在游客的旅游需求更加迅速地转化为现实选择，进而通过旅游业带动经济发展。第二，实时性。新媒体营销的实时性使得文旅企业能够迅速传达信息，通过直播和短视频等形式，企业可以实时展示旅游目的地的特色、活动和产品。这种实时性使得企业能够及时回应市场变化，抓住热点，调整营销策略。第三，广泛性。新媒体营销具有广泛的传播能力，在移动互联网的推动下，社交媒体和短视频平台用户逐渐加入在线信息的生产过程，信息传播广泛且迅速。这种广泛性不仅能够吸引更多的游客，还可以通过裂变效应实现营销效果的倍增。

2）新媒体营销的裂变效应

新媒体营销的裂变效应是推动文旅企业快速增长的关键。裂变效应指的是通过用户之间的分享和传播，营销信息能够在短时间内迅速扩散，从而带来倍增的效果。文旅企业通过新媒体营销渠道，可以充分利用这一效应，吸引更多的游客，增加品牌曝光度。裂变效应在新媒体营销中表现为用户的主动分享，这不仅能够带来大量新用户，还可以增强用户的忠诚度和复购行为。当消费者主动分享旅游体验时，他们会产生更强烈的归属感和品牌认同，这种品牌认同可以转化为用户的忠诚度，促使他们在未来的旅行中再次选择同一品牌。此外，裂变效应的传播能力还可以帮助文旅企业吸引更多的新客户，推动业务增长。

3）新媒体营销传播案例

数字化浪潮的推动下，新媒体营销已成为文旅产业的重要推手。2020年11月，一个名为丁真的藏族少年凭借一条不到十秒的视频在抖音平台迅速走红，他的家乡——四川甘孜藏族自治州的理塘县也因此成为全国乃至全球关注的焦点。这一事件不仅展现了新媒体营销的巨大潜力，也为理塘县的文旅产业发展注入了新的活力。

丁真凭借视频走红，收获了无数粉丝后，理塘县也因此成为网红打卡地，吸引了大量游客前来探访。丁真走红的同时，理塘县政府敏锐地捕捉到了这一机遇，他们将其打造为理塘的旅游形象大使，积极利用新媒体平台进行宣传推广，向广大网友展示理塘的自然风光、人文风情和特色文化。这些举措不仅提高了理塘的知名度和美誉度，也带动了当地旅游业的快速发展。

理塘县政府充分利用抖音平台具有即时传播、大范围覆盖和裂变效应的特点，发布了一系列以丁真为主角的短视频，展示了理塘的自然风光和人文风情。他们还通过直播等形式与网友进行互动，增加了用户的参与感和黏性。理塘县政府通过与主流媒体、官方账号的合作，成功地将丁真走红的热度从抖音迁移到微博，引发了广泛的讨论和关注。同时，通过微信公众号发布文章、图片和视频等多种形式的内容，向网友介绍丁真和理塘的故事，引发了广泛的共鸣和关注。

经过一段时间的推广和营销，理塘县在新媒体领域的营销成效斐然，展现出令人瞩目的影响力。统计资料显示，在去哪儿网这一旅游服务平台上，“理塘”的搜索热度不但超越了国庆黄金周的盛况，更实现了4倍的增长和飞跃；飞猪数据显示，截至2020年年末，理塘所属的四川甘孜藏族自治州内，诸如稻城亚丁、木格措等热门旅游胜地的预订量较往年同期显著增长，增幅超过50%；同时，酒店住宿的预订量也呈现出强劲的增长势头，同比增长率超过了55%。这些数据不仅证明了新媒体营销的有效性，也反映了公众对理塘旅游的热情和期待。

丁真与理塘的走红案例提供了宝贵的启示和借鉴。首先，新媒体营销具有巨大的潜力和价值，通过精心策划和创意制作的内容可以迅速吸引公众的关注和参与；其次，地方政府应充分利用新媒体平台宣传推广当地的文旅资源和特色文化，提高知名度和美誉度；最后，人们需要保持理性和清醒的头脑，不应过度消费和曝光“网红”资源，而应注重长期发展和社会效益的提升。

## 7.3 基于同质资源开发的旅游目的地差异化定位研究

### 7.3.1 研究背景

随着经济的蓬勃发展，旅行已深度融入人们的日常生活，成为不可或缺的组成部分，这一现象进而加剧了旅游目的地之间日益激烈的竞争格局。在这样的市场环境下，旅游目的地挖掘和筛选一系列品牌元素，通过构建旅游品牌来获取竞争优势至关重要（余可发等，2023）。品牌形象是旅游目的地进行定位的关键要素，但是以独特效用、象征卖点为基础的形象容易被模仿和复制，会导致同质化问题愈发严重、目的地竞争力持续下降（梁佳、吕兴洋、曲颖，2016；吕兴洋、吴艾凌、李惠璠，2022）。所以在激烈的同质化竞争市场环境中，旅游目的地要学会进行差异化定位，寻找新的发展出路（董引引、曲颖，2021）。

### 7.3.2 实证设计

1）研究对象

大唐芙蓉园、清明上河园、杭州宋城，都是依托所在城市深厚的历史文化底蕴，精心打造的大型主题公园，资源禀赋极其相似，正是这种相似性，使得它们在旅游市场的竞争中面临着严重的同质化问题。为了在激烈的竞争中脱颖而出，旅游地需要更加深入地挖掘自身的独特之处，寻找那些能够让自己在市场中脱颖而出的元素，创造出属于自己的、独特的品牌形象和品牌个性。因此，本书选择了这三个资源禀赋相似的旅游目的地作为研究对象，通过分析到访游客撰写的游记，提炼出3个旅游目的地在消费者心目中不同的感知形象，为3个主题公园差异化的品牌定位提供借鉴。

2）数据收集与处理

本书在收集数据时，主要聚焦于游客在各大旅游网络平台上发布的游记和评论。为了保障数据的科学性和可靠性，在筛选数据来源网站时，本书选取百度搜索指数和活跃用户数量两项指标作为筛选标准。百度搜索指数的技术准确性已得到业界的广泛认可；活跃用户数量直接反映了网站流量和受欢迎程度。本书首先通过百度搜索指数对网站进行综合评价，之后利用网站的活跃用户数量对网站是否能够提供有效游记资料进行验证，并查验该网站是否有设置游记栏目，是否有符合标准的目的地游记等。验证后，本书选取其中3个网站：马蜂窝、携程旅行和去哪儿作为数据来源网站，具体文本信息数量见表7-1。

表7-1 **旅游目的地网络文本数量统计**

| 景点名称 | 网络游记（数量/篇） | 网络点评（数量/条） |
|---|---|---|
| 大唐芙蓉园 | 314 | 31 101 |
| 清明上河园 | 161 | 18 572 |
| 杭州宋城 | 112 | 35 817 |

资料来源：根据相关资料整理。

本书利用网络爬虫工具“后羿采集器”，获取网络文本数据。在操作过程中，本书利用“后羿采集器”的智能采集模式，自行配置规则，包括打开目标网页、自动识别页面类型、建立合理的分页设置、精确配置所需字段、精准筛选数据，以及一键启动采集等步骤。同时，在采集过程中注意剔除重复内容，通过内容挖掘系统SPSSAU实现对数据样本的分词处理、高频词提取和词频统计。本书以2014年10月1日至2024年10月1日为时间节点，从马蜂窝、携程旅行和去哪儿三个网站中爬取游客游记，经过重复游记的筛选与广告类游记的剔除，得到了大唐芙蓉园、清明上河园和杭州宋城的有效游记数量分别为277篇、144篇和102篇。

### 7.3.3 同质化资源分析

1）资源分析

大唐芙蓉园、清明上河园与杭州宋城在旅游资源上都致力于重现中国古代特定历史时期的文化风貌，通过大规模的人造景观，如仿古建筑群、古街市井、皇家园林等，为游客营造出浓厚的历史氛围。在文化内涵上，三者均聚焦于古代中国的城市生活、宫廷文化及民俗风情，通过细致入微的景观设计和文化展示，使游客仿佛穿越时空，亲身感受古代社会的繁华与变迁。此外，它们还都推出了以古代历史为背景的文化演艺项目，如大型实景演出、歌舞剧等，以丰富游客的文化体验。这种同质化的资源开发策略，虽然有助于形成统一的文旅品牌，但也可能导致游客体验的重复性和缺乏新鲜感。

2）游客分析

大唐芙蓉园、清明上河园与杭州宋城，作为展现中国古代文化精髓的主题公园，吸引了大量对历史文化感兴趣的游客。这些游客往往对古代建筑、传统文化和民俗活动抱有浓厚兴趣，热衷于参与各类文化演艺活动，如观看实景演出、体验传统手工艺等，这些共同的旅游动机使得游客在选择旅游目的地时更容易产生重叠。这种重叠性不仅体现了这些景区在旅游资源方面的共性，也反映了游客在选择旅游目的地时的共同偏好和需求（见表7-2）。

表7-2 **大唐芙蓉园、清明上河园、杭州宋城游客分析**

| | 大唐芙蓉园 | 清明上河园 | 杭州宋城 |
|---|---|---|---|
| 主要游客群体 | 家庭游客、历史文化爱好者、国外旅游团体 | 年轻群体、历史文化爱好者 | 亲子游群体、学生群体、历史文化爱好者 |
| 客源地 | 陕西游客是一级客源市场，国内游客是二级客源市场，国外游客是机会市场 | 河南游客是一级客源市场，国内游客是二级客源市场，国外游客是机会市场 | 浙江游客是一级客源市场，国内游客是二级客源市场，国外游客是机会市场 |
| 特点 | 游客对传统历史文化感兴趣，活动以演出、观光、摄影为主 | 游客喜爱历史文化，对沉浸互动类节目感兴趣 | 游客对演艺产品感兴趣，愿意欣赏历史人文风光 |

资料来源：根据相关资料整理。

### 7.3.4 差异化定位分析

1）旅游产品分析

从词云图来看，大唐芙蓉园、清明上河园与杭州宋城在旅游产品上各具特色，为游客提供了多样化的文化体验（如图7-2所示）。大唐芙蓉园以盛唐文化为核心，通过仿古建筑和丰富的文化活动展现盛唐时期的辉煌与繁荣。清明上河园展现北宋市井生活和宫廷文化，游客在这里可以欣赏北宋建筑的风貌，参与各种民俗表演和互动体验。杭州宋城则更注重南宋都市风貌的还原和演艺节目的呈现，通过大型歌舞等演艺节目，将游客带入宋朝的文化氛围中，感受宋代文化的深厚底蕴。此外，宋城还提供了丰富的传统手工艺品和地方美食，让游客在品味美食的同时，也能领略到宋代文化的独特魅力。总的来说，大唐芙蓉园、清明上河园与杭州宋城在旅游产品上的差异化（见表7-3）主要体现在主题定位、景观建筑、文化体验与活动三个方面。

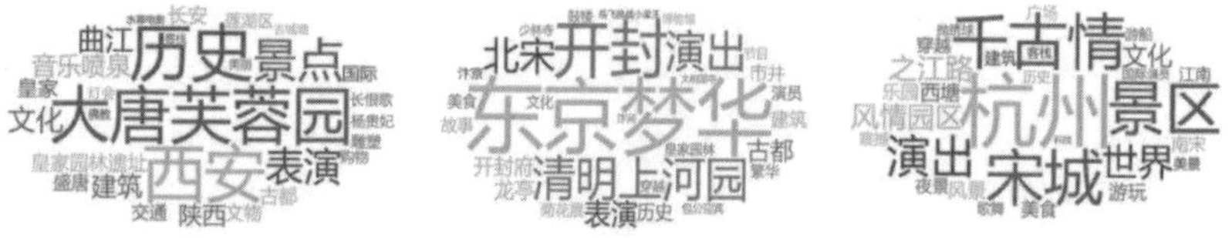


大唐芙蓉园　　　　清明上河园　　　　杭州宋城

**图7-2　大唐芙蓉园、清明上河园、杭州宋城词云图**

表7-3　**大唐芙蓉园、清明上河园、杭州宋城旅游产品差异化定位**

| | 大唐芙蓉园 | 清明上河园 | 杭州宋城 |
|---|---|---|---|
| 主题定位 | 以盛唐文化为核心，全方位展示盛唐风貌 | 以北宋画家张择端的《清明上河图》为蓝本，再现宋代市井生活和宫廷文化 | 以南宋都市风貌和文化内涵为主题，通过演艺节目和互动体验展现宋代文化 |
| 景观建筑 | 拥有紫云楼、仕女馆、御宴宫、杏园等仿古建筑以及众多文化景观区。建筑风格仿照唐代皇家园林式样建造，注重形神兼备，展现唐代建筑的雄伟与精致 | 景观以双亭桥为界，分为南苑和北苑。南苑展示民俗风情，北苑展示皇家园林和古代娱乐。建筑风格严格按照《清明上河图》中的建筑样式进行复原，注重细节和真实性 | 拥有怪街、宋河城、市井街等景点，大量还原南宋都市风貌。建筑风格以南宋建筑为主，注重历史文化的传承和创新 |

续表

| | 大唐芙蓉园 | 清明上河园 | 杭州宋城 |
|---|---|---|---|
| 文化体验与活动 | 提供唐风盛典、中秋灯会等传统节庆活动和文化艺术展览，每天上演多次东仓鼓乐、金甲骑兵巡游等情景剧，以及《梦回大唐》《寻梦芙蓉里》等大型歌舞剧 | 提供吐火、抛绣球、岳飞枪挑小梁王、东京保卫战等民俗表演和互动体验，提供《大宋东京梦华》大型实景水上演出 | 提供丰富的地方美食和传统手工艺品，如汴绣、蜡染等，有亲子秀《哇！恐龙》和作为世界三大名秀之一的《宋城千古情》演出 |

资料来源：根据相关资料整理。

2）景区服务分析

大唐芙蓉园提供“金钥匙一站式服务”，包括讲解咨询、投诉受理、应急救援、便民设施、委托代办等，并且游客可以在景区的“金钥匙一站式服务岗亭”获取各种日常所需物品，并租赁自助语音导览器。此外，景区还提供夜间游览服务，入园时间调整到早九点，闭园时间持续到晚十点，确保游客有充足的时间游览。清明上河园充分考虑老年人、妇幼等特殊游客需求，加大母婴室、第三卫生间的建设力度，增强卫生间的实用性和功能性，景区内还设有免费开水供应点、手机充电“小亭子”和“咨询服务处”，方便游客在旅途中补充水分和充电。杭州宋城引入的AR导览系统，将传统景区的纸质游览图“收”进游客的手机里，虚拟导游将为游客规划景区最佳游览路线。景区对无障碍旅游设施进行全面改造，确保残障人士也能无障碍地浏览景区，同时还设有多个自助轮椅租赁点，提高游客游玩舒适度。

3）营销策略分析

大唐芙蓉园在营销上注重品牌营销战略，通过市场调查了解游客需求，采取细分目标市场的策略，设计不同的旅游产品来满足不同游客的需求。此外，大唐芙蓉园还运用了主题营销、故事营销、体验营销等多种营销手段，以提升游客的参与感和体验感。清明上河园作为中国传统文化主题公园，更注重历史文化的实景再现，通过提供丰富的互动体验项目增强游客的参与感，其营销策略着重于历史文化的深度挖掘和游客体验的提升。杭州宋城则以“给我一天，还你千年”为口号，通过大量的剧院和演出，提供沉浸式的文化体验，其营销策略更侧重于演艺秀场的打造和全方位的旅游体验。三者在营销上的差异性主要体现在对文化内涵的挖掘深度、游客体验的丰富性以及品牌传播的广度上。

4）销售渠道分析

大唐芙蓉园依托其西北最大文化主题公园的地位，注重线下渠道的铺设，与酒店达成伙伴关系，如万豪旗下的西安万峰酒店、汉庭酒店等，并且注重与旅行社的合作，如在2019年与携程集团、俄罗斯21世纪旅行社等六家开展国际旅行业务的旅行社签订了《战略合作协议》。清明上河园则在线上渠道方面更为突出，不仅拥有完善的官方网站，还积极利用微信、抖音等社交媒体平台进行营销推广，与游客形成良性互动。此外，清明上河园还注重与教育机构、文化团体等合作，开展文化交流活动，吸引大量国内研学旅行团队，被评为“河南省中小学专项性社会实践教育基地”“河南研学旅游示范基地”。杭州宋城更加注重品牌文化的打造和线上线下的融合，其官方网站不仅提供门票预订、演出安排等服务，还融入了丰富的文化内涵和互动元素，如在线观看演出直播、参与互动游戏等。除此之外，杭州宋城还积极与旅游电商平台合作，如美团、同城艺龙等头部电商企业，推出联合旅游产品，拓宽销售渠道。

### 7.3.5 研究结论

本书对大唐芙蓉园、清明上河园和杭州宋城进行了深入探讨，分析了三个主题公园在旅游资源和客源需求同质化的基础上，如何从旅游产品、景区服务、营销策略、销售渠道四个方面开展差异化的定位。由此可以看出，即使一些旅游目的地拥有同质化的资源禀赋，只要能够在主题、产品、服务、市场等多个方面开展差异化定位，还是可以形成自己独特的品牌个性和品牌形象，走差异化道路有助于这些旅游目的地在众多竞争者中脱颖而出，给游客留下更深刻的印象。

第 8 章

# 文旅产业高质量发展的效应分析

文旅产业的高质量发展会从经济效应和社会效应两个方面产生正向影响（如图8-1所示）。经济效应方面，文旅产业的高质量发展不仅能够提升文旅产业链上的消费水平，还能推动地方经济结构的调整和转型，促进各地区经济的均衡发展；此外，它还能够增加税收和外汇收入，为地方财政注入新的活力，同时创造大量就业机会，提高居民生活质量，从而在整体上推动经济的全面发展和繁荣。社会效应方面，文旅产业的高质量发展不仅有助于传承和弘扬优秀传统文化，还能增进社会和谐与稳定，提高人民群众的幸福感和获得感。

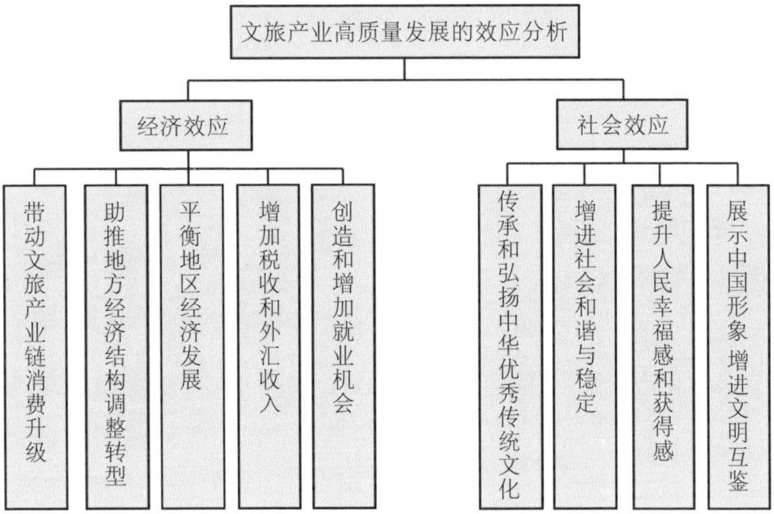


**图8-1　文旅产业高质量发展效应分析**

资料来源：根据相关资料整理。

## 8.1　文旅产业高质量发展的经济效应

### 8.1.1　带动文旅产业链消费升级

2018年7月6日，《关于完善促进消费体制机制 进一步激发居民消费潜力的若干意见》由中央全面深化改革委员会第三次会议审议通过，强调："推动非物质文化遗产传承发展、合理利用。健全文化、互联网等领域分类开放制度体系。开展全域旅游示范区创建工作。推动主题公园规范发展。加强对乡村旅游的政策指导，提升乡村旅游品质。支持邮轮、游艇、自驾车、旅居车、通用航空等消费大众化发展，加强相关公共配套基础设施建设。"在相关政策的支持下，文旅产业高质量发展成为带动产业链消费升级的重要抓手。文旅产业高质量发展带动产业链消费升级主要体现在以下两个方面：

第一，文旅产业高质量发展丰富了产品供给和产品内涵（唐晓云，2022）。文旅产业高质量发展一方面借助数字技术，结合传统文化根基，大力开发出有深度、有内涵的体验式、沉浸式旅游产品（魏翔，2022；陈晔、贾骏骐，2022）。例如，深耕黄河文明的"只有河南·戏剧幻城"，利用光影技术、VR体验创新戏剧活动，以创意性的文化供给赢得年轻人的喜爱，火爆出圈。另一方面，文化产业高质量发展聚焦于游客多层次、多样化、个性化的消费需要，提供了高品质、多种类的旅游产品（宋瑞，2021）。例如，辽宁省凤城市东汤镇针对老年人群，提供"康养+旅游"的产品组合，深受老年客户喜爱；上海自然博物馆针对亲子家庭，提供化石模拟挖掘、自然探索课堂等休闲、研学旅游产品。

第二，文旅产业高质量发展提高了服务质量。首先，提高了基本需求的服务质量，其对于吸引游客、推动消费升级的贡献最大（Assaf and Tsionas，2015）。例如，张家界天门山景区为了保障游客基本的安全需求，提供的索道使用高精度传感器，实时监测风速、缆车速度、承载重量等关键参数，一旦出现异常情况，系统会自动触发安全制动装置，保障游客安全。杭州西湖景区提供观光车服务，线路覆盖主要景点，并配备有语音解说，满足游客便捷游览的需要。其次，提高了体验需求的服务质量，而科技是提升旅游体验的支柱之一（王学峰、张辉，2022）。例如，故宫博物院以全数字形态推出“千里江山——历代青绿山水画特展”，将单纯的观光旅游转向数字赋能的文化沉浸体验，消费内容由低层次向高层次转变。最后，提高了个性化需求的服务质量。当前旅游目的地倾向于为游客定制服务，关注游客的情感价值，体现人文关怀（白长虹、刘欢，2019）。例如，上海迪士尼针对特殊人群设置的无障碍通道、布莱叶盲文触觉指示图以及演出中的手语翻译服务，无不体现出对游客个人需求的重视。

### 8.1.2 助推地方经济结构调整和转型

在高质量发展的背景下，文旅产业在我国经济发展中的占比不断增大。2023年，规模以上文化及相关企业实现营业收入约13万亿元，国内游客出游总花费达到了4.9万亿元[①]。意识到文旅对于经济的促进作用，各地开始寻求产业之间的深度融合，“文旅+”“+文旅”等各种模式层出不穷，文旅产业进一步助力各地经济结构调整与转型，主要集中在以下两个方面：

第一，促进产业结构调整。对于第一产业，乡村旅游发展助力农业经济效益提高，提高农产品的商品率（邹永广、衷浩滢、崔一付，2024）；对于第二产业，有研究认为在一个旅游发展水平高的城市，购物和娱乐收入占比能达到60%，购买需求增加自然会刺激相关产品生产扩大；对于第三产业，文旅身处其中，其高质量发展，大大提高了第三产业在产业结构中的占比。例如，成都为了改变过去以传统工业和农业为主的产业结构，立足于蜀汉文化和熊猫文化，大力发展文旅产业，旅游业收入在地区生产总值中的占比逐年上升，目前已超过

① 文化和旅游部.2023文化和旅游发展统计公报［R/OL］.［2025-02-01］.https://zwgk.mct.gov.cn/zfxxgkml/tjxx/202408/t20240830_954981.html.

20%。旅游业的发展也带动了成都当地酒店、民宿的迅猛发展。此外，成都文旅的火爆也带动了当地文创行业的发展，从蜀绣到特色竹编等为成都创造出了新的消费热点，推动了当地产业结构向高端化、多元化方向发展。

第二，文旅产业高质量发展有利于实现经济发展与环境保护的良性互动。与工业相比，旅游业带来的环境压力相对较小，尤其是生态旅游发展、森林公园建设等为绿色发展提供巨大助力（李罕梁、周玲强，2023）。文旅产业为目的地的商业发展提供了更多机会，促进了社区参与，调动了当地居民在环境保护过程中的主动性，同时经济收入的增长也为区域可持续发展提供了物质支持（Becken and Job，2014；Eagles，2014）。例如，云南丽江古城以其独特风貌吸引到了大批游客，带动了当地餐饮、酒店以及文化产业的发展；同时，为了古城的可持续发展，当地政府投入大量资金开展古城周边的生态修复与古城的保护工作，提高了区域生态环境质量。

### 8.1.3 平衡地区经济发展

我国地区发展不平衡、城乡发展差距大的问题依旧存在。西部地区和乡村地区发展要明显落后于东部地区以及城市地区，但值得注意的是，西部以及广大乡村，因为原始生态保护较为完整和独特的地域文化，对于游客具有天然的吸引力，文旅产业的高质量发展又会反哺当地经济高质量发展，具体表现在以下两个方面：

第一，乡村旅游改善乡村经济状况。乡村旅游政策可以通过促进生产要素向乡村转移，推动当地经济发展（Sun，Ling，and Huang，2020；顾振华、李欣，2024）；文旅产业高质量发展激发了乡村经济活力，大量小微企业开始出现（吴茂英、王怡、李秋成，2021），显著带动了农民的总体收入上升（Hwang and Lee，2015）。

例如，四川省苍溪县以苍溪雪梨为依托，大力开发雪梨采摘体验园、雪梨主题农家乐等旅游项目，在发展旅游经济的同时带动了雪梨的销售，增加了果农收入。2018年苍溪县乡村旅游收入27亿元，约占当年地区生产总值的18%①，乡村旅游对当地经济的带动作用可见一斑。

第二，文旅产业高质量发展是缩小地区差异的重要手段。西部地区旅游业的发展，为当地提供了大量就业岗位，带动了基础设施建设，推动了地区经济和社会的发展进步（杨霞、刘晓鹰，2013）。国外学者通过对区域经济的对比发现，高质量的旅游发展对于缩小地区间人均收入差距作用显著（Proenca and Soukiazis，2008）。以贵州省和山东省为例，贵州省2015年国内旅游收入约3 500亿元，国际旅游外汇收入2.01亿美元②，到2019年，国内旅游收入约12 296亿元，国际旅游外汇收入3.45亿美元，国内旅游收入增长到原来的约3.5倍，国际旅游收入也增长了近1.7倍③；山东省的旅游收入则是从2015年的7 062亿元④，增长到2019年的11 087亿元⑤，两省份之间的旅游发展的差距不断缩小，甚至地位发生了转换，不难从中看出旅游业的高质量发展对于缩小地区差距的关键作用。

### 8.1.4 增加税收和外汇收入

文旅产业高质量发展在推动经济增长、增加税收和外汇收入方面发挥着越来越重要的作用：

① 苍溪县人民政府.2018年国民经济和社会发展统计公报［R/OL］.［2025-02-01］.https：//www.cncx.gov.cn/mshow/20230414112146825.html.

② 贵州省人民政府.2015年贵州省国民经济和社会发展统计公报［R/OL］.［2025-02-01］.https：//www.guizhou.gov.cn/zwgk/zfsj/tjgb/202109/t20210913_70088441.html.

③ 贵州省人民政府.2019年贵州省国民经济和社会发展统计公报［R/OL］.［2025-02-01］.https：//www.guizhou.gov.cn/zwgk/zfsj/tjgb/202109/t20210913_70088464.html.

④ 山东省统计局.2015年山东省国民经济和社会发展统计公报［R/OL］.［2025-02-01］.http：//tjj.shandong.gov.cn/art/2016/2/28/art_104039_7745372.html.

⑤ 山东省统计局.2019年山东省国民经济和社会发展统计公报［R/OL］.［2025-02-01］.http：//tjj.shandong.gov.cn/art/2020/2/29/art_6196_8865096.html.

第一，文旅产业高质量发展扩大税收规模。首先，文旅产业高质量发展对于地方经济增长具有显著作用，直接带动相关产业发展和税收增长（赵磊，2015）；其次，文旅产业高质量发展增加企业数量，增加企业利润和所得税（贺小荣、胡强盛，2018；吴茂英等，2024）；最后，文旅产业高质量发展创新税收来源，缓解税收来源单一且不稳定的情况（保继刚，2019）。例如，文化和旅游部指出，2018年文旅行业的GDP贡献大约为9.4万亿元，约占总GDP的11%[①]，蓬勃发展的旅游业已经成为我国经济的重要支柱，不断壮大的经济规模自然会带来税收的增加。此外，文旅产业发展还对相关行业有较强的带动效应，据估计，旅游业每收入1元带动相关产业收入4.3元，带动餐饮、住宿、交通、零售等相关行业的收入，从而带动这些行业的税收增长。

第二，文旅产业高质量发展增加外汇收入。首先，文旅产业高质量发展吸引了大批国外游客，直接助力外汇增加（Belloumi，2010；Ertugrul and Mangir，2015）；其次，文旅产业尤其是旅游业和酒店业的开放是吸引外资、吸收外汇的主力军；最后，高质量的文旅融合有利于带动旅游服务和相关产品出口，从而增加外汇收入。国家统计局数据显示，2010年我国接待国际游客1.33亿人次，收入458亿美元[②]，到2019年，国外游客人数增长为1.45亿人次，国际旅游收入增长为1 313亿美元[③]。文旅产业高质量发展带来的不仅仅是数字上的变化，其背后更多的是来华旅客的支付意愿上升。旅游产品的附加值提高，代表着中国文旅产业的吸引力和竞争力的提高。

---

① 文化和旅游部.2018年旅游市场基本情况［R/OL］.［2025-02-01］.https：//www.mct.gov.cn/whzx/whyw/201902/t20190212_837270.htm.

② 国家统计局.2010年国民经济和社会发展统计公报［R/OL］.［2025-02-01］.https：//www.mct.gov.cn/whzx/whyw/201902/t20190212_837270.htm.

③ 国家统计局.2019年国民经济和社会发展统计公报［R/OL］.［2025-02-01］.https：//www.stats.gov.cn/sj/zxfb/202302/t20230203_1900640.html.

### 8.1.5 创造和增加就业机会

文旅产业作为劳动密集型产业，其高质量发展在增加就业方面具有显著作用，直接或间接创造了大规模就业，对于促进乡村或贫困地区的人口回流贡献巨大（张圆刚等，2023），具体表现如下：

第一，文旅产业高质量发展促进就业。首先，文旅产业具有就业容量大、门槛低等特点，可以直接吸纳大量就业人口（郭为、厉新建、许珂，2014）；其次，文旅产业发展带来了更多自主创业机会，大量中小企业的出现也为缓解就业压力提供了抓手（梁学成，2019）；最后，文旅产业辐射范围广，带动相关产业吸纳就业人口（王朝辉，2010）。以我国文旅上市公司为例，中国旅游集团员工超过4.5万，华侨城的员工数量更是超过了5万人。全国A级旅游景区直接就业人数160多万人，带动综合就业超过1 000万人。

第二，文旅产业高质量发展吸引劳动人口返乡。相关研究认为在文旅产业发展蒸蒸日上的背景下，年轻人更倾向于返乡就业（王心蕊、孙九霞，2021）；除去经济因素，文旅产业高质量发展带来乡村或者贫困地区基础设施以及公共服务的完善，也是吸引人才回流的重要因素之一（陆林、周裕祺、李冬花，2023）。例如，贵州西江千户苗寨曾经因为经济落后，人才外流严重。如今得益于当地政府通过对传统建筑和民俗文化的保护与开发，打造高质量的文化旅游项目，大批年轻人开始返乡参与旅游经营，从导游到民宿，再到文创产品经营，应有尽有，这一切很大程度上都要归功于当地旅游业的发展。

## 8.2 文旅产业高质量发展的社会效应

### 8.2.1 传承和弘扬优秀传统文化

文旅产业高质量发展的前提必然离不开文化与旅游的深度融合，“以文塑旅，以旅彰文”，二者之间千丝万缕的联系也决定了旅游产业必然会在传承地方文化的过程中发挥重要作用，具体表现在以下两个方面：

第一，传承文化基因，深化融合发展。在文旅深度融合的时代，游客越来越关注旅游产品的文化内涵（Reeves，Laing，and Cheer，2013）；与此同时，在消费市场的刺激下，地方文化不断转化为旅游产品，实现了二者的良性互动（崔凤军、徐宁宁，2024）；旅游发展带来的经济上的巨大满足也促进了旅游目的地对于地方文化的重视与保护（王林，2016）。例如，儒家文化、孔孟之乡是山东文旅发展的金字招牌，济宁以“三孔”景区和尼山圣境为依托，打造了以儒家文化为主题的研学旅行线路和产品，安排游客访问文化遗址、亲身体验传统礼仪、参加专家讲授，在实际操作中深入了解儒家文化，提升对传统文化的认识和感受，既提高了游客对于儒家文化的认知，也促进了研学旅游的发展。

第二，创新文化载体，保护开发并行。数字技术与文旅产品的广泛结合是文旅产业高质量发展的表现形式之一，“虚拟+现实”的结合有效地平衡了文化保护与开发之间的关系（詹琳等，2022；郭新茹，2023）；同时，作为文化商品化重要产物之一的文创产品，因其蕴含的地方文化内涵，也为文化传承提供了新载体（刘博、张涵，

2021）。例如，河南博物馆的“数字豫博”项目利用三维建模对馆内藏品进行数字展览，文物通过数字化技术可以360度旋转让观众查看细节，突破了传统博物馆展示空间和时间的限制；三星堆博物馆对其独特的文物形象进行产品开发，如青铜面具造型的冰淇淋和文化徽章，都深受喜爱，不仅让消费者印象深刻，也极大地提高了三星堆文化的传播度。

### 8.2.2　增进社会和谐与稳定

第一，文旅产业高质量发展促进商业和谐。相关研究表明，高水平旅游治理会有力推动良好市场秩序的形成（刘婷婷、保继刚，2021），文旅产业带来的高收益也会激发旅游目的地政府对于旅游乱象的整治和当地商户的自觉遵守，进一步改善游客与供应商的相互关系。例如，镇江市文旅局在2024年公布了8起侵害游客权益的典型案例，有力打击了文旅市场中的各种违法行为，维护了市场环境，提高了市场主体守法经营意识，保障了消费者的合法权益，促进了主客之间的和谐互动。

第二，文旅产业高质量发展减少文化隔阂。旅游活动往往伴随着文化的双向交流（孙九霞，2012），跨区域的旅游活动有助于不同地区、不同民族之间的交往交流，打破隔阂。例如，新疆旅游业以民族文化为特色发展迅速，当地旅游消费从2014年的1 022亿元增长到2019年的3 633亿元，游客规模不断扩大，当地通过开发手工艺品让游客了解其独特的民族艺术，并通过歌舞表演吸引游客参与互动。这种沉浸式的体验打破了外界对新疆少数民族文化的片面认知，促进了各民族文化之间的交流，为社会和谐、民族团结奠定了文化基础。

### 8.2.3 提升人民幸福感和获得感

第一，提升了旅游地居民的幸福感与获得感。文旅产业高质量发展的直接结果之一就是旅游经济得到发展，目的地居民的收入水平和生活环境得以改善，既提高了本地居民的物质满足感，也提高了精神幸福感（马勇、张瑞，2023）。例如，海南亚龙湾作为海滨旅游胜地，当地在文旅产业高质量发展过程中，注重生态环境的保护和旅游设施的高品质建设，维护沙滩环境，修建了一系列高端酒店和水上主题公园，为当地居民提供了大量工作机会；同时沙滩和主题公园也成为了当地居民休闲的好去处，满足了居民物质和精神的双重需求。

第二，提升了游客的幸福感与获得感。多样化、个性化的产品供给满足了人们对美好生活的多层次需求，从而提高了游客的幸福感（宋瑞，2021）。文旅企业越来越多地以多元化的市场需求为导向，在分众和分层的基础上，细分旅游市场，提供差异化、品质化、个性化服务。面对日益丰富的出行方式，北斗系统完成全球组网，为全球用户提供更精准的导航。文旅市场提供的日趋多样化的服务能够满足民众的多层次需求，在旅游活动中培养积极情绪，提高民众的幸福感和获得感。

### 8.2.4 对外展示中国形象 增进文明互鉴

第一，对外展示中国文化软实力。首先，文旅产业高质量发展吸引了更多的入境游客，推动了文化走出去（张西龙、李柏文，2023）；其次，高质量发展深化了旅游的文化内涵，借助数字化的表现形式，对于外国游客更加易于接受，增强其跨文化认同（岳晓燕、孙业红，2024）。例如，万里长城规模之宏大让外国游客叹为观止，在旅游开发过程中，通过设置多个观景台、利用现代化的展示手段，如3D建模、无人机拍摄全景影像等，向外国游客全方位展示长城，并且配备多语种的讲解服务，详细介绍长城的历史背景，使外国游客能够深入了解长城及其背后的文化含义。

第二，促进国际文化交流与理解。线上平台为旅游者了解各国文化提供了新的方式（Hays，Page，and Buhalis，2013），线下线上相结合，进一步深化了各国之间的文化交流。例如，2024年中国国际旅游交易会，共有来自世界各地的100多个国家和地区的文旅企业参会，借此机会，组委会向参会企业介绍中国的入境游政策并举办了各省市的推介会，为文化交流和后续合作奠定了基础。总而言之，文旅活动，为中华文化走向世界提供了新方案，为文明互鉴提供了新办法。

## 8.3 文旅产品体验价值对游客满意度的影响①

### 8.3.1 研究问题

在文旅深度融合和沉浸式体验项目蓬勃发展的背景下，沉浸式戏剧成为旅游目的地的创新吸引物，越来越多的游客喜爱并乐于尝试这一“观众”与“演员”共存的特殊演艺方式。沉浸式戏剧的特殊性在于打破传统的观演分离，实现了观演融合，“观众”和“演员”的双重身份使观众拥有故事中的角色，让观众更加深入地参与到戏剧演出中，让演出更加真实和生动。随着沉浸业态的走红和人工智能、混合现实、全息投影等现代技术的投入，沉浸式戏剧正在和博物馆、餐厅以及各种新型文化空间“邂逅”，碰撞出更多戏剧体验价值，成为文

① 本书作者研究团队成果。节选自张君静.沉浸式戏剧中体验价值对游客公民行为的影响：以武汉“知音号”为例［D］.大连：东北财经大学，2023.

旅产业中的一种新风尚。

武汉“知音号”是湖北省践行“十三五”规划中实施全域旅游发展战略的文旅产业创新项目，也是武汉市以长江主题文化为代表的关键项目之一，其代表了首部长江漂移式的多维度体验剧。武汉“知音号”打破了传统戏剧固定的舞台和观众席位的限制，演员在“知音号”游轮内自由穿梭、四处表演，观众也可以根据自身需求自主选择剧情，可以在不同演出情境中自由选择地点、故事剧情，观众由传统的“看戏”过渡为“体验戏剧”。

就“知音号”游轮的基础环境设计而言，整个游轮建筑重点包含码头区域、三层船舱及甲板等区域，既是戏剧表演舞台又是观演空间。船舱的第一层，集中设置了老式电话、舞池与留声机等；船舱的第二层，设置了一些老式旗袍和行李箱；船舱的第三层，集中设置了老汉口明信片、老怀表、老式开水瓶，细节化地营造时空和场景氛围。在体验经济背景下，为保证游客获得更为深刻而全面的文化体验，走入沉浸式戏曲的内核，以身临其境的方式感受历史及特殊文化，必须遵照“情境再现”的基本设计与发展理念，使得沉浸式戏剧的空间范围得以拓展与再现，丰富游客体验。

武汉“知音号”与传统演艺戏剧相比，最突出的特点是观众与演员处于同一时空，观众和演员面对面进行眼神交流的“零距离”观演方式打破了传统演艺戏剧舞台的“第四堵墙”，在拉近观演距离的同时，也将舞台时空和真实时空的界限变得模糊。此外，观演过程中，观众并不是一直坐在一个比较固定的位置上，也不是被动接受各种剧情，而是通过自己的行动来获得剧情和设计独特的叙事方式。观众以登船的方式进入码头并登上“知音号”游轮，每位观众进入这一场景后，就明确了自己并非在游玩，而是要去观看一场特殊的演出，但是每位游客又深知自己必须登上一艘真实存在的轮船，并且轮船还会不断地在长江上进行航行。游客具有船客与观众两个基本身份，登船者也非常清楚自己在故事中的双重身份角色，这为其更为深刻地、全身心地融入故事之中奠定了基础。

沉浸式戏剧发展历程较短，现有研究主要关注于沉浸式戏剧的发展历程、特点、表演方式等方面，鲜有从游客体验视角探讨沉浸式戏剧体验价值的构成维度，及其对游客满意度的影响。武汉“知音号”这种新兴的沉浸式体验项目，能否给游客带来不同的体验价值，值得进一步开展实证研究。

### 8.3.2 研究假设

关于体验价值的划分维度，学者们普遍认同的重要观点之一是体验价值具体包含情感与功能两大类（Yuan and Wu，2008；Wu，Cheng，and Ai，2018）。游客在观看沉浸式戏剧的过程中，不再是单一的个人，而是场景与人的结合，人在外界场景的各种刺激下，往往会产生系列差异化的反应。根据沉浸式戏剧的观演互动情景，本书将沉浸式戏剧这一特殊情景下的体验价值总结为功能类与情绪类两大价值，此种分类分别对应于物与人两大主体。具体阐述如下：

1）功能类体验价值

本书基于沉浸式戏剧物的层面出发，共提出了场景价值和科技价值两大类功能类体验价值。有学者认为场景价值是各种维度中基础的价值维度，游客借助场景体验，提升幸福感，实现自我转换，产生深远个人与社会价值（Tasci and Pizam，2020）。另外，有学者认为使用价值来源于应用时间、应用地点、过程感知等，进一步对场景价值进行细分（Chandler and Vargo，2011）。综上，本书将沉浸式戏剧的场景价值概括为游客通过场景式旅游演艺的物理空间，感知场景氛围所获得的主观感受；将科技价值概括为游客体验过程中对场景制造、演艺过程中各类科技元素应用的感知评价。

2）情绪类体验价值

本书将沉浸式戏剧人的情绪类体验价值细分为认知价值和情感价值。现有研究将旅游认知价值定义为游客参与游览过程中能够学习新知识、了解新能力、开阔视野等（李江敏、王青、朱镇，2020）。综上，本书将沉浸式戏剧认知价值概括为游客在沉浸式戏剧体验过程中获得知识、文化、视野、技能等方面的收获。对于情感价值，部分学者认为其是基于对于产品或服务的消费体验产生的评价及其变化（Hossain and Rahman，2022）。基于工业旅游，有学者认为情感价值是游客游览后产生的情感变化，主要指积极情感。因此，本书将沉浸式戏剧情感价值概括为旅游产品或服务在戏剧体验过程中和体验完成后改变游客情感倾向的作用大小。

现有研究认为如果游客在旅游中实际付出的成本与参与旅游活动后的具体获得之间基本吻合，游客就会感到满意；反之，游客就会觉得不满意（马天，2019）。从体验视角的层面出发，游客满意更为注重旅游体验过程对游客情感及认知两方面的综合结果，游客满意度是游客在旅游完成后的认知和情感状态（Bosangit，Hibbert，and Mccabe，2015；顾雅青、崔凤军，2023）。此外，游客对当前体验和过去体验的比较结果也会影响游客满意度。沉浸式戏剧中的场景价值、科技价值、认知价值和情感价值的提高，会分别从功能和情感双重层面给游客带来效益，致使游客提高满意度。综上，提出研究假设如下：

H1a：场景价值对游客满意度具有显著的正向影响。

H1b：科技价值对游客满意度具有显著的正向影响。

H1c：认知价值对游客满意度具有显著的正向影响。

H1d：情感价值对游客满意度具有显著的正向影响。

### 8.3.3 实证设计与结论

本书通过问卷调查方法搜集数据，主要包含两个方面：首先是基于“知音号”的实地调研，采用随机邀请的方式，鼓励有过“知音号”观看经历的游客参与本次调查，剔除不符合要求的问卷，有效问卷为108份；其次是借助网络问卷星搜集问卷，集中发布在旅游在线社群、抖音和小红书等媒体平台，邀请符合要求的游客填写问卷。为保证填写问卷对象为体验过武汉“知音号”的游客，问卷通过设置测试问题：您最近一年是否观看过武汉“知音号”？来筛选合乎条件的被试对象。最终收回网络问卷224份，基于答题时间和填写质量剔除无效问卷13份，得到有效问卷211份。本书样本总量为319份。

本书根据研究内容，分别围绕场景价值、科技价值、认知价值、情感价值、游客满意度设计若干题项，并采用李克特五点式量表。首先采用Cronbach's Alpha系数（内部一致性系数）对问卷进行信度检验进而确保问卷的可靠性，本书各个变量的Cronbach's Alpha系数介于0.833~0.866之间，均大于0.7的标准，表明量表具有很好的内部一致性，见表8-1。

表8-1　　沉浸式体验价值信度分析

| 维度 | 题项 | Cronbach's Alpha |
|---|---|---|
| 场景价值 | 观看武汉“知音号”时，场景氛围让我沉浸其中 | 0.837 |
| | 观看武汉“知音号”时，场景氛围让我身临其境 | |
| | 观看武汉“知音号”时，场景氛围让我体验更加真切 | |
| | 观看武汉“知音号”时，场景氛围让我获得多感官体验 | |

续表

| 维度 | 题项 | Cronbach's Alpha |
|---|---|---|
| 科技价值 | 观看武汉“知音号”时，现代化科技让我震撼 | 0.862 |
| | 观看武汉“知音号”时，现代化科技让我沉浸历史空间场景 | |
| | 观看武汉“知音号”时，现代化科技让我获得震撼的视听体验 | |
| | 观看武汉“知音号”时，现代化科技丰富了舞台场景 | |
| 认知价值 | 观看武汉“知音号”时，让我了解历史文化 | 0.866 |
| | 观看武汉“知音号”时，让我开阔了视野 | |
| | 观看武汉“知音号”时，让我感到有价值 | |
| 情感价值 | 观看武汉“知音号”时，让我感到放松 | 0.850 |
| | 观看武汉“知音号”时，让我感到有趣 | |
| | 观看武汉“知音号”时，让我感到开心 | |
| | 观看武汉“知音号”时，让我感到喜欢 | |
| 游客满意度 | 与预期相比，我对自己做出体验武汉“知音号”的决定很满意 | 0.833 |
| | 与预期相比，我对武汉“知音号”很满意 | |
| | 与预期相比，我选择观看武汉“知音号”是非常明智的 | |

本书利用SPSS软件建立回归模型，并检验变量之间的因果关系，见表8-2。研究结果表明：场景价值、科技价值、认知价值和情感价值都能增强游客满意度，从而带动文旅产品的消费。沉浸式戏剧中游客的体验价值是一个复杂的多维结构，对于旅游目的地运营商和管理者而言，需要对游客体验价值的内涵加以全面分析，探究不同类型体验价值在游客满意度方面的显著影响，进而获取沉浸式戏剧市场的竞争优势。

表 8-2　　　　**沉浸式体验价值与游客满意度关系分析**

| | | 路径系数 | | | |
|---|---|---|---|---|---|
| 变量 | 假设 | H1a | H1b | H1c | H1d |
| | 路径关系 | 场景价值→游客满意度 | 科技价值→游客满意度 | 认知价值→游客满意度 | 情感价值→游客满意度 |
| 控制变量 | | | | | |
| 性别 | | $0.412^{***}$ | $0.364^{***}$ | $0.225^{***}$ | $0.446^{***}$ |
| 年龄 | | $0.556^{***}$ | $0.468^{***}$ | $0.346^{***}$ | $0.578^{***}$ |
| 学历 | | $0.457^{**}$ | $0.610^{***}$ | $0.385^{***}$ | $0.333^{**}$ |
| 职业 | | $0.557^{***}$ | $0.673^{***}$ | $0.651^{***}$ | $0.543^{***}$ |
| 个人月收入 | | $0.321^{**}$ | $0.346^{**}$ | $0.337^{***}$ | $0.576^{**}$ |
| 因变量 | | | | | |
| 游客满意度 | | $0.448^{***}$ | $0.366^{***}$ | $0.256^{***}$ | $0.230^{***}$ |

注：$^{*}P<0.05$，$^{**}P<0.01$，$^{***}P<0.001$。

第一，在场景价值方面，目的地运营商和管理者需要加强沉浸式戏剧项目的物理空间场景及布局氛围，注意保持场景的原真性，以使游客在参与过程中身临其境。第二，在科技价值方面，沉浸式戏剧产品设计需要加大与新技术对接力度，充分利用增强现实、虚拟现实、混合现实、全息技术、多媒体视听等相关技术手段，打破传统模式下产品表达内容的局限性，营造一种真实逼近、真容替代并跨越现实的沉浸式戏剧的体验场景。第三，在认知价值方面，应该充分利用地方文化这一巨大IP，通过多种途径展现地方文化，加强对地方历史文化、风情人文、民俗艺术等特色化内容的表达，激发游客与戏剧文化的有效联结。第四，在情感价值方面，可以适当增加互动环节，转变观演方式，使游客既是参观者又是扮演者，促使游客产生深度体验价值。

# 参考文献


[1] 白长虹，刘欢. 旅游目的地精益服务模式：概念与路径——基于扎根理论的多案例探索性研究［J］. 南开管理评论，2019，22（3）：137-147.

[2] 保继刚. 为什么西部景区门票价格居高不降？——门票地域性差异问题［J］. 旅游学刊，2019，34（7）：12-16.

[3] 才国伟，吴华强，徐信忠. 政策不确定性对公司投融资行为的影响研究［J］. 金融研究，2018（3）：89-104.

[4] 陈怀超，范建红. 制度距离、中国跨国公司进入战略与国际化绩效：基于组织合法性视角［J］. 南开经济研究，2014（2）：99-117.

[5] 陈君，何梦婷. 基于动机视角的虚拟社区即时/持续网络口碑传播研究［J］. 情报科学，2017，35（11）：126-131.

[6] 陈岩，蒋亦伟，王锐. 产品多元化战略、企业资源异质性与国际化绩效：对中国2008—2011年制造业上市公司的经验检验［J］. 管理评论，2014，26（12）：131-141.

[7] 陈晔，贾骏骐. 数字经济下旅游目的地发展的新路径［J］. 旅游学刊，2022，37（4）：6-8.

[8] 程聪，谢洪明，池仁勇. 中国企业跨国并购的组织合法性聚焦：内部，

外部，还是内部+外部？[J]. 管理世界，2017（4）：158-173.
[9] 程露悬，黄福才. 中国旅游类上市公司规模报酬研究［J］. 旅游学刊，2010，25（2）：23-28.
[10] 崔凤军，徐宁宁. 旅游促进地方文化传承创新的实践探索与理论思考［J］. 旅游学刊，2024，39（3）：15-16.
[11] 崔学刚. 上市公司重组绩效理论与实证研究［M］. 大连：东北财经大学出版社，2007.
[12] 戴靖怡，黄潇婷，孙晋坤，等. 国家文化公园的旅游者文化认同生成机制研究——以黄河国家文化公园标志性自然景观为例［J］. 旅游学刊，2023，38（1）：31-41.
[13] 邓宁，张玉洁. 智慧旅游：利益相关者视角下的思辨［J］. 旅游学刊，2023，38（10）：3-5.
[14] 翟洲燕，安传艳，贾梦月，等. 中国乡土文化景观基因识别与空间意象表达——以李子柒短视频为例［J］. 旅游学刊，2023，38（11）：41-54.
[15] 董引引，曲颖. 滨海目的地“投射形象网络机制”对比研究：差异化竞争定位的契机——以三亚与厦门为例［J］. 旅游科学，2021，35（5）：43-61.
[16] 杜传忠，郭树龙. 企业并购对企业成长的影响及其机理分析［J］. 财经问题研究，2012（12）：102-110.
[17] 杜一力. 中小企业和价值创新［J］. 旅游学刊，2018，33（2）：4-6.
[18] 段正梁，毕汝麦，危湘衡. 多元化类型与旅游企业价值关系研究［J］. 旅游学刊，2014，29（2）：36-45.
[19] 段正梁，危湘衡. 旅游企业多元化并购类型与长期绩效的关系——以2002—2008年中国旅游上市公司为例［J］. 旅游学刊，2013，28（2）：86-93.
[20] 樊志勇. 进一步完善旅游监督管理［J］. 旅游学刊，2011，26（3）：7-8.
[21] 方慧，赵甜. 中国企业对“一带一路”国家国际化经营方式研究——基

于国家距离视角的考察［J］．管理世界，2017（7）：17-23.

［22］　龚光明，孟澌．货币政策调整、融资约束与公司投资［J］．经济与管理研究，2012（11）：95-104.

［23］　顾雅青，崔凤军．世界文化遗产地认知对游客满意度及忠诚度的影响——以杭州为例［J］．世界地理研究，2023，32（5）：138-147.

［24］　顾振华，李欣．乡村旅游政策推动贫困地区发展——基于“全国旅游扶贫示范项目”的准自然实验［J］．旅游学刊，2024，39（5）：61-76.

［25］　郭安禧，王松茂，李海军，等．居民旅游影响感知对支持旅游开发影响机制研究——社区满意和社区认同的中介作用［J］．旅游学刊，2020，35（6）：96-108.

［26］　郭国庆，赵怡君，张秀兰．社会拥挤对跨感官产品偏好的影响——基于品牌联合情景［J］．管理科学，2022，35（5）：113-126.

［27］　郭为，厉新建，许珂．被忽视的真实力量：旅游非正规就业及其拉动效应［J］．旅游学刊，2014，29（8）：70-79.

［28］　郭新茹．数字技术推进文化和旅游深度融合的逻辑机理与创新路径［J］．南京社会科学，2023（11）：147-154.

［29］　何晓明，廖晓语，蒋建勇．乘风难破浪？中医药文化差异下企业国际化进入模式研究——基于“战略三角观”的组态分析［J］．南开管理评论，2023（2）：1-18.

［30］　贺小荣，胡强盛．湖南省旅游产业集群与区域经济的互动机制［J］．经济地理，2018，38（7）：209-216.

［31］　胡俊．文化与旅游产业融合发展研究［J］．山西财经大学学报，2012，34（3）：118.

［32］　胡刘芬，修宗峰．企业投资为何会“随波逐流”——基于宏观经济政策不确定性影响的视角［J］．南开管理评论，2023，26（4）：89-102.

［33］　花建，陈清荷．沉浸式体验：文化与科技融合的新业态［J］．上海财经大学学报，2019，21（5）：18-32.

［34］　华成钢，白长虹，韦鸣秋．移动互联时代旅游信息服务体验对出游决策

的影响研究［J］. 旅游学刊，2019，34（11）：51-65.
［35］ 黄锐，谢朝武，李勇泉. 中国文化旅游产业政策演进及有效性分析——基于2009—2018年政策样本的实证研究［J］. 旅游学刊，2021，36（1）：27-40.
［36］ 黄速建. 中国国有企业混合所有制改革研究［J］. 经济管理，2014，36（7）：1-10.
［37］ 柯佳宁，王良燕. 跨品类延伸对老字号品牌和新兴品牌的影响差异研究［J］. 南开管理评论，2021，24（2）：4-14.
［38］ 雷新途，姜君如. 经济政策不确定性、实体投资资产专用性与企业价值——来自中国上市公司的经验证据［J］. 会计研究，2024（1）：122-138.
［39］ 李凤羽，杨墨竹. 经济政策不确定性会抑制企业投资吗？——基于中国经济政策不确定指数的实证研究［J］. 金融研究，2015（4）：115-129.
［40］ 李罕梁，周玲强. 旅游业对实现“双碳”目标的作用［J］. 旅游学刊，2023，38（11）：3-5.
［41］ 李江敏，王青，朱镇. 非物质文化遗产活态传承：体验价值体系、测量与检验［J］. 旅游学刊，2020，35（11）：78-89.
［42］ 李培功，肖铭. CEO任期与企业资本投资［J］. 金融研究，2012（2）：121-141.
［43］ 李文贵，余明桂. 民营化企业的股权结构与企业创新［J］. 管理世界，2015（4）：112-125.
［44］ 李云鹏. 旅游场景驱动的大数据应用［J］. 旅游学刊，2017，32（9）：4-6.
［45］ 李增福，陈俊杰，连玉君，等. 经济政策不确定性与企业短债长用［J］. 管理世界，2022，38（1）：77-90.
［46］ 厉新建，宋昌耀，殷婷婷. 高质量文旅融合发展的学术再思考：难点和路径［J］. 旅游学刊，2022，37（2）：5-6.
［47］ 梁佳，吕兴洋，曲颖. 形象趋同与个性趋异：资源同质目的地品牌差异

化定位研究［J］. 人文地理，2016，31（5）：113-118.
［48］ 梁坤，杜靖川. 产业融合视角下现代工业旅游发展模式研究［J］. 世界地理研究，2015，24（3）：152-159.
［49］ 梁学成. 旅游产业增进社会福祉的逻辑诠释［J］. 旅游学刊，2019，34（7）：3-4.
［50］ 廖俊云，黄敏学. 基于酒店销售的在线产品评论、品牌与产品销量实证研究［J］. 管理学报，2016，13（1）：122-130.
［51］ 林叶强，沈晔. 沉浸式体验：创意、科技和旅游的融合［J］. 旅游学刊，2022，37（10）：6-8.
［52］ 刘博，张涵. 人地互动视角下的旅游纪念品文化生产——多案例研究［J］. 旅游学刊，2021，36（5）：118-129.
［53］ 刘贯春，叶永卫. 经济政策不确定性与实体企业"短贷长投"［J］. 统计研究，2022，39（3）：69-82.
［54］ 刘美玉，王云恺. 整体上市企业绩效的实证研究——来自中国上市公司的证据［J］. 宏观经济研究，2011（9）：68-74.
［55］ 刘敏. 社会学视角下中国公民出境旅游的文化价值——对旅游社会文化影响的案例研究［J］. 旅游学刊，2009，24（12）：70-77.
［56］ 刘少和. 旅游转型研究综述及我国旅游转型发展的探讨［J］. 旅游论坛，2008，1（6）：322-325.
［57］ 刘婷婷，保继刚. 旅游吸引物的非垄断性与目的地市场秩序的形成——以陕西袁家村为例［J］. 旅游学刊，2021，36（12）：114-126.
［58］ 刘英基，邹秉坤，韩元军，等. 数字经济赋能文旅融合高质量发展——机理、渠道与经验证据［J］. 旅游学刊，2023，38（5）：28-41.
［59］ 刘英为，汪涛，聂春艳，等. 如何应用国家文化原型实现品牌的国际化传播——基于中国品牌海外社交媒体广告的多案例研究［J］. 管理世界，2020，36（1）：88-104；236.
［60］ 楼嘉军. 试论资源配置对上海都市旅游发展的影响［J］. 旅游学刊，2001，16（4）：56-59.

[61] 陆娟，边雅静，吴芳. 品牌联合的消费者评价及其影响因素：基于二维结构的实证分析 [J]. 管理世界，2009（10）：115-125.

[62] 陆林，周裕祺，李冬花. 乡村旅游地回流劳动力的就业选择及其影响因素 [J]. 经济地理，2023，43（10）：222-230.

[63] 罗明义. 关于"旅游产业范围和地位"之我见 [J]. 旅游学刊，2007，22（10）：5-6.

[64] 吕兴洋，吴艾凌，李惠璠. 基于品牌感官印象的旅游目的地差异化定位——以成都4个古镇为例 [J]. 旅游学刊，2022，37（4）：93-103.

[65] 马瑟思博，霍金斯. 消费者行为学（原书第13版）[M]. 陈荣，许销冰，译. 北京：机械工业出版社，2018.

[66] 马天. 旅游体验质量与满意度：内涵、关系与测量 [J]. 旅游学刊，2019，34（11）：29-40.

[67] 马勇，唐海燕. 交旅融合背景下高铁与旅游高质量协同发展研究 [J]. 旅游学刊，2021，36（12）：10-12.

[68] 马勇，张瑞. 旅游业高质量发展与国民幸福水平提升 [J]. 旅游学刊，2023，38（6）：12-13.

[69] 苗蕊，徐健. 评分不一致性对在线评论有用性的影响——归因理论的视角 [J]. 中国管理科学，2018，26（5）：178-186.

[70] 闵庆飞，覃亮，张克亮. 影响在线评论有用性的因素研究 [J]. 管理评论，2017，29（10）：95-107.

[71] 潘攀，邓超，邱煜. 经济政策不确定性、银行风险承担与企业投资 [J]. 财经研究，2020，46（2）：67-81.

[72] 庞世明，孙梦阳，宋志伟."资源诅咒"、旅游供给多样性与可持续旅游发展 [J]. 旅游学刊，2021，36（5）：12-13.

[73] 綦好东，郭骏超，朱炜. 国有企业混合所有制改革：动力、阻力与实现路径 [J]. 管理世界，2017（10）：8-19.

[74] 钱学锋，余戈. 出口市场多元化与企业生产率：中国经验 [J]. 世界经济，2014（2）：3-27.

[75] 乔向杰. 智慧旅游赋能旅游业高质量发展 [J]. 旅游学刊，2022，37（2）：10-12.

[76] 秦晓楠，王悦，韩苗苗. 中国旅游产业与文化产业交互响应的区域差异研究 [J]. 旅游科学，2023，37（5）：142-157.

[77] 饶品贵，岳衡，姜国华. 经济政策不确定性与企业投资行为研究 [J]. 世界经济，2017，40（2）：27-51.

[78] 饶品样，李树民. 产权边界、层次差异与旅游用地资源配置效率 [J]. 旅游学刊，2008，23（11）：42-47.

[79] 沈昊，杨梅英. 国有企业混合所有制改革模式和公司治理——基于招商局集团的案例分析 [J]. 管理世界，2019，35（4）：171-182.

[80] 时朋飞，李星明，熊元斌. 区域美丽中国建设与旅游业发展耦合关联性测度及前景预测——以长江经济带11省市为例 [J]. 中国软科学，2018（2）：86-102.

[81] 史伟，李申禹，陈信康. 国家距离对跨国零售企业东道国选择的影响 [J]. 国际贸易问题，2016（3）：117-127.

[82] 宋昌耀，顾嘉倩. 政府引导型旅游投资基金的战略价值与优化方向 [J]. 旅游学刊，2024，39（9）：8-10.

[83] 宋瑞. 经济新发展格局下促进旅游消费的思路与方向 [J]. 旅游学刊，2021，36（1）：3-5.

[84] 宋瑞. 旅游行政管理体制改革的背景与重点 [J]. 旅游学刊，2014，29（9）：5-6.

[85] 宋瑞. 数字经济下的旅游治理：挑战与重点 [J]. 旅游学刊，2022，37（4）：11-12.

[86] 宋晓，王淑华，张新成. 人工智能与接待业的价值共创：整合框架与未来展望 [J]. 旅游科学，2024，38（1）：17-37.

[87] 孙国辉，姜浩. 品牌来源国形象对跨国品牌联合效应的影响——基于个人电脑消费者调研数据的分析 [J]. 经济管理，2014，36（7）：80-89.

[88] 孙九霞，李菲，王学基. “旅游中国”：四十年旅游发展与当代社会变迁

[J]. 中国社会科学，2023（11）：84-104.
[89] 孙九霞. 旅游中的主客交往与文化传播 [J]. 旅游学刊，2012，27（12）：20-21.
[90] 唐晓云. 现代科技革命对旅游消费的影响 [J]. 旅游学刊，2022，37（10）：3-5.
[91] 汪旭晖，陈鑫. 用户生成内容的图文匹配对消费者感知有用性的影响 [J]. 管理科学，2018，31（1）：101-115.
[92] 汪旭晖，张其林，杜航. 在线顾客评论对产品销量的影响：品牌强度和产品成熟度的调节作用 [J]. 管理工程学报，2018，32（3）：9-18.
[93] 王朝辉. 以产业促进旅游民生功能提升 [J]. 旅游学刊，2010，25（9）：7-8.
[94] 王德胜，李婷婷，韩杰. 老字号品牌跨界对年轻消费者品牌态度的影响研究 [J]. 管理评论，2022，34（2）：203-214；227.
[95] 王峰娟，邹存良. 多元化程度与内部资本市场效率——基于分部数据的多案例研究 [J]. 管理世界，2009（4）：153-161.
[96] 王林. "发髻"与地方形象：民族旅游地的文化符号建构分析——以广西黄洛瑶寨和贵州岜沙苗寨为例 [J]. 旅游学刊，2016，31（5）：64-71.
[97] 王笑宇. 高质量发展阶段我国文旅投资新趋势 [J]. 旅游学刊，2024，39（9）：1-3.
[98] 王笑宇. 经济新发展格局下中国文化旅游投资变化及趋势 [J]. 旅游学刊，2021，36（1）：7-9.
[99] 王心蕊，孙九霞. 旅游发展背景下农村劳动力回流迁移研究——影响因素与代际差异 [J]. 旅游学刊，2021，36（4）：58-69.
[100] 王学峰，张辉. 新时代旅游经济高质量发展的理论问题 [J]. 旅游学刊，2022，37（2）：3-5.
[101] 王义中，宋敏. 宏观经济不确定性、资金需求与公司投资 [J]. 经济研究，2014，49（2）：4-17.
[102] 王智波，李长洪. 轻资产运营对企业利润率的影响——基于中国工业企

业数据的实证研究［J］．中国工业经济，2015（6）：108-121.
［103］ 韦鸣秋，白长虹，张彤．旅游目的地精益服务平台机制研究［J］．旅游学刊，2023，38（1）：81-95.
［104］ 魏成龙，许萌，郑志，等．国有企业整体上市绩效及其影响因素分析［J］．中国工业经济，2011（10）：151-160.
［105］ 魏翔．数字旅游——中国旅游经济发展新模式［J］．旅游学刊，2022，37（4）：10-11.
［106］ 吴必虎，王梦婷．遗产活化、原址价值与呈现方式［J］．旅游学刊，2018，33（9）：3-5.
［107］ 吴茂英，王怡，李秋成．乡村文旅小微企业助力乡村振兴的多重效应［J］．旅游学刊，2021，36（4）：5-7.
［108］ 吴茂英，张镁琦，王龙杰，等．共同富裕目标下乡村旅游地经营性治理的理论内涵与研究框架［J］．旅游学刊，2024，39（3）：18-33.
［109］ 吴志军．我国旅游景区类上市公司的资产重组［J］．经济管理，2010，32（4）：109-117.
［110］ 夏蜀，陈中科．数字化时代旅游场景：概念整合与价值创造［J］．旅游科学，2022，36（3）：1-16.
［111］ 向勇．创意旅游：认同连接、艺术赋能和价值共生［J］．旅游学刊，2024，39（3）：3-5.
［112］ 谢春山，于霞．文化旅游的利益相关者及其利益诉求研究［J］．旅游研究，2016，8（4）：14-19.
［113］ 徐春红，丁镭，董鸿安，等．浙江省旅游业发展与经济增长关系的时空格局及影响机理［J］．旅游科学，2017，31（5）：82-95.
［114］ 徐翠蓉，赵玉宗，高洁．国内外文旅融合研究进展与启示：一个文献综述［J］．旅游学刊，2020，35（8）：94-104.
［115］ 许晖，张海军，冯永春．传承还是重塑？本土老字号品牌活化模式与机制研究——基于品牌真实性与价值迁移视角［J］．管理世界，2018，34（4）：146-161；188.

[116] 薛芮，余吉安. 基于地方品牌建构的乡村文化旅游活化路径［J］. 经济地理，2022，42（6）：198-205.

[117] 杨霞，刘晓鹰. 旅游流量、旅游构成与西部地区贫困减缓［J］. 旅游学刊，2013，28（6）：47-55.

[118] 杨兴全，尹兴强，孟庆玺. 谁更趋多元化经营：产业政策扶持企业抑或非扶持企业？［J］. 经济研究，2018（9）：133-150.

[119] 叶红. 我国旅游产业区模式：比较与实证分析［J］. 旅游学刊，2006，21（8）：24-29.

[120] 殷国鹏. 消费者认为怎样的在线评论更有用？——社会性因素的影响效应［J］. 管理世界，2012（12）：115-124.

[121] 余汉，杨中仑，宋增基. 国有股权能够为民营企业带来好处吗？——基于中国上市公司的实证研究［J］. 财经研究，2017，43（4）：109-119.

[122] 余洁. 文化产业与旅游产业［J］. 旅游学刊，2007（10）：9-10.

[123] 余可发，金明星. 品牌真实性与价值共创视角下的老字号品牌复兴过程机制——基于李渡酒业品牌案例研究［J］. 管理学报，2022，19（4）：486-494.

[124] 余可发，吴海平，金明星，等. 旅游目的地品牌生态圈成长路径及形成机制研究——基于资源行动视角的纵向案例分析［J］. 管理评论，2023，35（1）：339-352.

[125] 岳菊，戴湘毅. 区域文化遗产与旅游发展耦合机制及协调效应——基于京津冀地区的实证分析［J］. 经济地理，2024，44（1）：230-240.

[126] 岳晓燕，孙业红. 遗产旅游：构建入境旅游跨文化交流的重要桥梁［J］. 旅游学刊，2024，39（4）：12-14.

[127] 詹琳，黄佳，王春，等. 基于景观基因理论的红色旅游资源三维数字化呈现——以清水塘毛泽东和杨开慧故居为例［J］. 旅游学刊，2022，37（7）：54-64.

[128] 湛研. 智慧旅游目的地的大数据运用：体验升级与服务升级［J］. 旅游学刊，2019，34（8）：6-8.

[129] 张朝枝，朱敏敏. 文化和旅游融合：多层次关系内涵、挑战与践行路径[J]. 旅游学刊，2020，35（3）：62-71.

[130] 张成思，刘贯春. 中国实业部门投融资决策机制研究——基于经济政策不确定性和融资约束异质性视角[J]. 经济研究，2018，53（12）：51-67.

[131] 张春香，刘志学. 基于系统动力学的河南省文化旅游产业分析[J]. 管理世界，2007（5）：152-154.

[132] 张红梅，梁昌勇，徐健. “旅游+互联网”背景下的智慧旅游云服务体系创新[J]. 旅游学刊，2016，31（6）：12-15.

[133] 张凌媛，吴志才. 乡村旅游社区多元主体的治理网络研究——英德市河头村的个案分析[J]. 旅游学刊，2021，36（11）：40-56.

[134] 张凌云. 旅游：非惯常环境下的特殊体验[J]. 旅游学刊，2019，34（9）：3-5.

[135] 张凌云. 试论有关旅游产业在地区经济发展中地位和产业政策的几个问题[J]. 旅游学刊，2000（1）：10-14.

[136] 张树民. 发挥市场主体作用，强化循环内生动力[J]. 旅游学刊，2021，36（1）：5-7.

[137] 张维迎. 市场的逻辑[M]. 上海：上海人民出版社，2012.

[138] 张西龙，李柏文. 旅游民间公共外交属性对更高水平对外开放的价值及其应用[J]. 旅游学刊，2023，38（1）：5-7.

[139] 张祥，章晴，李艳. 酒店企业跨国扩张区位选择影响因素[J]. 经济地理，2015，35（3）：185-190.

[140] 张艳辉，李宗伟，赵诣成. 基于淘宝网评论数据的信息质量对在线评论有用性的影响[J]. 管理学报，2017，14（1）：77-85.

[141] 张应武，郑雪梅. 过境免签政策的入境旅游效应及其内在机制——以中国57个主要旅游城市为例[J]. 旅游学刊，2023，38（8）：134-147.

[142] 张圆刚，郝亚梦，董晓婷，等. 乡村旅游地居民回乡就业意愿的影响机制研究——基于政府信任的调节作用[J]. 旅游学刊，2023，38（5）：

102–114.

[143] 赵磊. 旅游发展与经济增长——来自中国的经验证据 [J]. 旅游学刊，2015，30（4）：33–49.

[144] 赵磊. 数字经济赋能旅游业高质量发展的内涵与维度 [J]. 旅游学刊，2022，37（4）：5–6.

[145] 郑春晖，温云波，王祎. 虚实融合旅游空间的人地互动与想象建构——以故宫深圳数字体验展为例 [J]. 旅游科学，2024，38（1）：57–74.

[146] 郑艳芬，王华. 历史城镇旅游商业化的创造性破坏模型——以乌镇为例 [J]. 旅游学刊，2019，34（7）：124–136.

[147] 郑志刚，成为，许荣. 对上市与企业绩效改善关系的再检验——基于我国制造业配对样本的证据 [J]. 金融研究，2014（9）：143–157.

[148] 朱尧，邹永广，柴寿升，等. 乡村旅游社区隐性冲突演变机理研究——基于社区居民的视角 [J]. 旅游学刊，2022，37（11）：52–63.

[149] 邹永广，衷浩滢，崔一付. 乡村旅游促进乡村振兴的绩效评价及其提升路径 [J]. 经济地理，2024，44（8）：201–210.

[150] AMBLEE N，BUI T.Can brand reputation improve the odds of being reviewed on-line? [J]. International Journal of Electronic Commerce，2008，12（3）：11–28.

[151] AMIT E，ALGOM D，TROPE Y.Distance-dependent processing of pictures and words [J]. Journal of Experimental Psychology，2009，138（3）：400–415.

[152] ASSAF A G，TSIONAS E G. Incorporating destination quality into the measurement of tourism performance：a bayesian approach [J]. Tourism Management，2015，49：58–71.

[153] BAHADIR S C，BHARADWAJ S G，SRIVASTAVA R K.Financial value of brands in mergers and acquisitions：is value in the eye of the beholder? [J]. Journal of Marketing，2008，72（6）：49–64.

[154] BAKER S R，BLOOM N，DAVIS S J.Measuring economic policy uncertainty

[J]. The Quarterly Journal of Economics, 2016, 131 (4): 1593-1636.

[155] BARROSO C R, BURKERT M, DÁVILA A, et al.Shareholder protection: the role of multiplelarge shareholders [J]. Corporate Governance: An International Review, 2016, 24 (2): 105-129.

[156] BATRA R, ZHANG C Y, AYDINOĞLU Z N, et al.Positioning multicountry brands: the impact of variation in cultural values and competitive set [J]. Journal of Marketing Research, 2017, 54 (6): 914-931.

[157] BATSAKIS G, MONR A T. Revisiting the relationship between product diversification and internationalization process in the context of emerging market MNEs [J]. Journal of World Business, 2017, 52 (4): 564-577.

[158] BECKEN S, JOB H.Protected areas in an era of global-local change [J]. Journal of Sustainable Tourism, 2014, 22 (4): 507-527.

[159] BELLOUMI M. The relationship between tourism receipts, real effective exchange rate and economic growth in Tunisia [J]. International Journal of Tourism Research, 2010, 12 (5): 550-560.

[160] BERBEL-PINEDA J M, PALACIOS-FLORENCIO B, RAMÍREZ-HURTADO J M. Determining factors in the internationalization of hotel industry: an analysis based on export performance [J]. Tourism Economics, 2016, 23 (4): 768-787.

[161] BICKART B, SCHINDLER R M. Internet forums as influential sources of consumer information [J]. Journal of Interactive Marketing, 2001, 15 (3): 31-40.

[162] BLOMSTERMO A, SHARMA D D, SALLIS J.Choice of foreign market entry mode in service firms [J]. International Marketing Review, 2006, 23 (2): 211-229.

[163] BLUMENTHAL V, GJERALD O. "You just get sucked into it": extending the immersion process model to virtual gameplay experiences in managed visitor attractions [J]. Leisure Studies, 2022, 41 (5): 722-741.

[164] BLUMENTHAL V.Consumer immersion in managed visitor attrac-tions: the role of individual responses and antecedent factors [J]. Scandinavian Journal of Hospitality and Tourism, 2020, 20 (1): 4-27.

[165] BOSANGIT C, HIBBERT S, MCCABE S. "If I was going to die, I should at least be having fun": travel blogs, meaning and tourist experience [J]. Annals of Tourism Research, 2015, 55: 1-14.

[166] BRANDT L, TOMBE T, ZHU X D.Factor market distortions across time, space and sectors in China [J]. Review of Economic Dynamics, 2013, 16 (1): 39-58.

[167] BROWN S, KOZINETS R V, JR J F S.Teaching old brands new tricks: retro branding and the revival of brand meaning [J]. Journal of Marketing, 2003, 67 (3): 19-33.

[168] BRUWER J, JOHNSON R. Place-based marketing and regional branding strategy perspectives in the California wine industry [J]. Journal of Consumer Marketing, 2010, 27 (1): 5—16.

[169] CALLEJA G.In-Game: from immersion to incorporation [M]. Cambridge, MA: The MIT Press, 2011.

[170] CHANDLER J D, VARGO S L.Contextualization and value-in-context: how context frames exchange [J]. Marketing Theroy, 2011, 11 (1): 35-49.

[171] REEVES K J, LAING J H, CHEER J M.Tourism and traditional culture: land diving in vanuatu [J]. Annals of Tourism Research, 2013, 43: 435-455.

[172] CHEUNG C M K, LEE M K O.What drives consumers to spread electronic word of mouth in online consumer-opinion platforms [J]. Decision Support Systems, 2012, 53 (1): 218-225.

[173] CHOI K, KANG K H, LEE S, et al.Impact of brand diversification on firm performance: a study of restaurant firms [J]. Tourism Economics, 2011, 17 (4): 885-903.

[174] Cuypers I R P, Hennart J F, Silverman B S, et al.Transaction cost theory: past progress, current challenges, and suggestions for the future [J]. Academy of Management Annals, 2021, 15 (1): 111-150.

[175] DELLAROCAS C, GAO G D, NARAYAN R.Are consumers more likely to contribute online reviews for hit or niche products? [J]. Journal of Management Information Systems, 2010, 27 (2): 127-158.

[176] DELLAROCAS C, ZHANG X Q, AWAD N F.Exploring the value of online product reviews in forecasting sales: the case of motion pictures [J]. Journal of Interactive Marketing, 2007, 21 (4): 23-45.

[177] DU M, BOATENG A.State ownership, institutional effects and valuecreation in cross-border mergers & acquisitions by chinese firms [J]. International Business Review, 2015, 24 (3): 430-442.

[178] EAGLES P F J. Research priorities in park tourism [J]. Journal of Sustainable Tourism, 2014, 22 (4): 528-549.

[179] ERT E, FLEISCHER A, MAGEN N. Trust and reputation in the sharing economy: the role of personal photos in Airbnb [J]. Tourism Management, 2016, 55: 62-73.

[180] ERTUGRUL H M, MANGI, F.The tourism-led growth hypothesis empirical evidence from turkey [J]. Current Issues in Tourism, 2015, 18 (7): 633-646.

[181] GOERZEN A, MAKINO S. Multinational corporation internationalization in the service sector: a study of Japanese trading companies [J]. Journal of International Business Studies, 2007, 38 (7): 1149-1169.

[182] GRULLON G, LARKIN Y, MICHAELY R.Are US industries becoming more concentrated? [J]. Review of Finance, 2019, 23 (4): 697-743.

[183] GUDMUNDSSON SV, MERKERT R, REDONDI R.Cost structure effects of horizontal airline mergers and acquisitions [J]. Transport Policy, 2020, 99: 136-144.

[184] GULEN H, ION M. Policy uncertainty and corporate investment [J]. The Review of Financial Studies, 2016, 29 (3): 523-564.

[185] HAYS S, PAGE S J, BUHALIS D. Social media as a destination marketing tool: its use by national tourism organizations [J]. Current Issues in Tourism, 2013, 16 (3): 211-239.

[186] HENNIG-THURAU T, GWINNER K P, WALSH G, et al. Electronic word-of mouth via consumer-opinion platforms: what motivates consumers to articulate themselves on the internet? [J]. Journal of Interactive Marketing, 2004, 18 (1): 38-52.

[187] HO-DAC N N, CARSON S J, MOORE W L. The effects of positive and negative online customer reviews: do brand strength and category maturity matter? [J]. Journal of Marketing, 2013, 77 (6): 37-53.

[188] HOFSTEDE G. Culture's consequences: international difference in work-related values [M]. Beverly Hills, CA: Sage Publications, 1980.

[189] HOSSAIN S H, RAHMAN F. Detection of potential customers' empathy behavior towards customers' reviews [J]. Journal of Retailing and Consumer Services, 2022, 65: 1-13.

[190] HWANG J, LEE S. The effect of the rural tourism policy on non-farm income in South Korea [J]. Tourism Management, 2015, 46: 501-513.

[191] ILHAN-NAS T, OKAN T, TATOGLU E, et al. Board composition, family ownership, institutional distance and the foreign equity ownership strategies of turkish MNEs [J]. Journal of World Business, 2018, 53 (6): 862-879.

[192] JEPSON D, SHARPLEY R. More than sense of place? Exploring the emotional dimension of rural tourism experiences [J]. Journal of Sustainable Tourism, 2015, 23 (8/9): 1157-1178.

[193] KANG K H, LEE S. The moderating role of brand diversification on the relationship between geographic diversification and firm performance in the US lodging industry [J]. International Journal of Hospitality Management,

2014，38（4）：106-117.

[194] KOGUT B，SINGH H.The Effect of national culture on choice of entry mode [J]. Journal of International Business Studies，1988，19（3）：411-432.

[195] LEE S.Internationalization of US multinational hotel companies： expansion to Asia versus Europe [J]. International Journal of Hospitality Management，2008，27（4）：657-664.

[196] LI F，LIANG L，LI Y，et al. An alternative approach to decompose the potential gains from mergers [J]. Journal of the Operational Research Society，2018，69（11）：1793-1802.

[197] LI Y，SINGAL M.Capital structure in the hospitality industry：the role of the asset-light and fee-oriented strategy [J]. Tourism Management，2019，70：124-133.

[198] LIBERMAN N，TROPE Y，WAKSLAK C. Construal level theory and consumer behavior [J]. Journal of Consumer Psychology，2007，17（2）：113-117.

[199] MINGO S，MORALES F，DAU L A.The interplay of national distances and regional networks：private equity investments in emerging markets [J]. Journal of International Business Studies，2018，49（3）：371-386.

[200] MISHRA S，SINGH S N，FANG X，et al.Impact of diversity，quality and number of brand alliance partners on the perceived quality of a new brand [J]. Journal of Product& Brand Management，2017，26（2）：159-176.

[201] MUDAMBI S M，SCHUFF D.What makes a helpful online review? A study of customer reviews on Amazon. com [J]. MIS Quarterly，2010，34（1）：185-200.

[202] NEWMEYER E C，VENKATESH R，RUTH A J，et al.A typology of brand alliances and consumer awareness of brand alliance integration [J]. Marketing Letters，2018，29（3）：275-289.

[203] PARK S，CHUNG N. Mediating roles of self-presentation desire in online

game community commitment and trust behavior of massive multiplayer online role-playing games [J]. Computers in Human Behavior, 2011, 27 (6): 2372-2379.

[204] POGREBNYAKOV N, MAITLAND C F. Institution distance and the internationalization process: the case of mobile operators [J]. Journal of International Management, 2011, 17 (1): 68-82.

[205] POWELL K S, LIM E.Motive Meets experience: culture distance, motive, related experience, and foreign subsidiary ownership structure [J]. Journal of International Business Research, 2018, 92: 81-92.

[206] PROENCA S, SOUKIAZIS E.Tourism as an economic growth factor: a case study for southern european countries [J]. Tourism Economics, 2008, 14 (4): 791-806.

[207] RUCHER D D, GALINSKY A D. Desire to acquire: powerlessness and compensatory consumption [J]. Journal of Consumer Research, 2008, 35 (2): 257-267.

[208] SADOSKI M, MCTIGUE E M, PAIVIO A.A Dual coding theoretical model of decoding in reading: subsuming the laberge and samuels model [J]. Reading Psychology, 2012, 33 (5): 465-496.

[209] SANTOS M, BROCHADO A, ESPERANCA J. Foreign direct investment patterns of global hotel chains [J]. Journal of Business Research, 2016, 69 (11): 5235-5240.

[210] SATTA G, PAROLA F, PERSICO L. Temporal and spatial constructs in service firms' internationalization patterns: the determinants of the accelerated growth of emerging MNEs [J]. Journal of International Management, 2014, 20 (4): 421-435.

[211] SCHULTZE U. Embodiment and presence in virtual worlds: a review [J]. Journal of Information Technology, 2010, 25 (4): 434-449.

[212] SCOTT W R. Institutions and organizations: ideas and interests [M].

Thousand Oaks, CA: Sage Publications, 2008.

[213] SIMONIN B L, RUTH J A. Is a company known by the company it keeps? Assessing the spillover effects of brand alliances on consumer brand attitudes [J]. Journal of Marketing Research, 1998, 35 (1): 30-42.

[214] SLATER M, WILBUR S. A framework for virtual imersive environmehnts (FIVE): speculations on the role of presence in virtual environments. [J]. Presence: Teleoperators& Virtual Environments, 1997, 6 (6): 603-616.

[215] SOHN J, TANG C, JANG S. Asymmetric impacts of the asset-light and fee-oriented strategy: the business cycle matters! [J]. International Journal of Hospitality Management, 2014, 40: 100-108.

[216] SOHN J, TANG C, JANG S. Does the asset-light and fee-oriented strategy create value? [J]. International Journal of Hospitality Management, 2013, 32: 270-277.

[217] SUN J, LING L, HUANG Z W. Tourism migrant workers: the internal integration of urban to rural destinations [J]. Annals of Tourism Research, 2020, 84: 1-16.

[218] SUN MONIC. How does the variance of product ratings matter? [J]. Management Science, 2012, 58 (4): 696-707.

[219] TANG T Y, FANG E E, WANG F. Is neutral really neutral? the effects of neutral user-generated content on product sales [J]. Journal of Marketing, 2014, 78 (4): 41-58.

[220] TASCI A D A, PIZAM A. An expanded nomological network of experienscape [J]. International Journal of Contemporary Hospitality Management, 2020, 32 (3): 999-1040.

[221] TRUSOV M, BUCKLIN R E, PAUWELS K. Effects of word of-mouth versus traditional marketing: findings from an internet social networking site [J]. Journal of Marketing, 2009, 73 (5): 90-102.

[222] WANG C, ZHOU Z Y, JIN X L, et al. The influence of affective cues on

positive emotion in predicting instant information sharing on microblogs: gender as a moderator [J]. Information Processing & Management, 2017, 53 (3): 721-734.

[223] WANG L G, YOTSUMOTO Y.Conflict in tourism development in rural China [J]. Tourism Management, 2019, 70: 188-200.

[224] WANG Y C, CHUNG Y S.Hotel brand portfolio strategy [J]. International Journal of Contemporary Hospitality Management, 2015, 27 (4): 561-584.

[225] WU H C, CHENG C C, AI C H. A study of experiential quality, experiential value, trust, corporate reputation, experiential satisfaction and behavioral intentions for cruise tourists: the case of Hong Kong [J]. Tourism Management, 2018, 66: 200-220.

[226] YI X L, FU X X, YU L, et al.Authenticity and loyalty at heritage sites: the moderation effect of postmodern authenticity [J]. Tourism Management, 2018, 67 (8): 411-424.

[227] Yi X L, Lin V S, Jin W M, et al. The authenticity of heritage sites, tourists' quest for existential authenticity, and destination loyalty [J]. Journal of Travel Research, 2017, 56 (8): 1032-1048.

[228] Yuan Y H, Wu C K. Relationships among experiential marketing, experiential value, and customer satisfaction [J]. Journal of Hospitality and Tourism Research, 2008, 32 (3): 387-410.

# 索 引